Berta Schmidt-Eller

# Fünf-Minuten-Geschichten

für große und kleine Leute

R. BROCKHAUS

R. Brockhaus Raben-Buch 527

6. Auflage 1996

© 1987 R. Brockhaus Verlag Wuppertal
Umschlaggrafik: Dietmar Reichert, Dormagen
Gesamtherstellung: Breklumer Druckerei Manfred Siegel KG
ISBN 3-417-23538-3
Bestell-Nr. 223 538

# INHALT

| | |
|---|---|
| Die Holzfuhre | 5 |
| Sitzengeblieben | 9 |
| Es muß etwas passieren | 13 |
| Der silberne Fingerhut | 17 |
| Die zerbrochene Fensterscheibe | 21 |
| Sabine hat's verstanden | 25 |
| Wer rettet Michael? | 29 |
| Nur eine Kirsche! | 33 |
| Eigentlich denke ich mir gar nichts dabei | 37 |
| Wie Dirk zu einem Kätzchen kam | 40 |
| Das verschwundene Geld | 44 |
| Der Fensterladen | 47 |
| Mani ist fort | 50 |
| Lade Eva doch mal ein | 54 |
| Zufall. Zufall? | 60 |
| Nie mehr | 68 |
| Das Eichhörnchen | 74 |
| Die verlorene Kette | 81 |
| Was macht Karin am Sonntag? | 88 |
| Die Verlosung | 93 |
| Der Ausflug | 98 |
| Was soll aus Mark werden? | 105 |
| Wie Jan seinen Teddy verlor und wiederfand | 115 |
| Als Jens im Schwarzwald war | 122 |

# Die Holzfuhre

»Gutes tun«, Dieter schüttelte den Kopf. »Ich möchte mal wissen, wie wir das machen sollen. Dazu hat man gar keine Gelegenheit.«

Die vier Jungen, die aus der Jugendstunde kamen, waren mit ihren Gedanken noch bei den Worten des jungen Pfarrers, während sie die Straße entlang nach Hause schlenderten.

»Gelegenheit? Och, wenn man will, kann man schon«, sagte Paul. »Kranke Leute besuchen oder so . . .«

»Quatsch!« Martin tippte sich an die Stirn. »Meine Mutter macht das mit meiner kleinen Schwester. Aber als Junge? Haha!«

Franz, der Kleinste, wendete zaghaft ein: »So meint es der Pfarrer auch nicht. Ich glaube, er denkt, wir sollten überhaupt immer was Gutes tun.«

»Mensch, natürlich, Franz von Assisi hat's erfaßt!«

In gutmütigem Spott nannten sie den Kleinen mal den heiligen Franziskus, mal Franz von Assisi oder abgekürzt Franzissi, wenn er mit seinen Ansichten kam.

»Wenn man an den Herrn Jesus wirklich glauben will, tut man von selber Gutes, ohne daß man es richtig merkt.«

Die andern lachten.

»Franzissi, bei dir kommt immer alles von selber. Bei mir nicht«, meinte Dieter. Das Thema wechselnd, fuhr er fort: »Was machen wir morgen? Der letzte Tag in den Ferien muß noch einmal ausgenutzt werden.«

Die Vier wurden sich schnell einig. Sie wollten mit den Fahrrädern nach Oberweiler fahren.

»Dort stellen wir die Räder bei meinem Onkel in den Schuppen und gehen los in die Berge«, schlägt Dieter vor. »Das weitere sehen wir dann schon.«

Am nächsten Morgen waren sie schon früh auf dem Weg. Kurz vor Oberweiler überholten sie eine alte Frau, die eine Handkarre hinter sich herzog. Sie achteten kaum auf sie.

Nach einem kräftigen Frühstück bei Onkel und Tante brachen sie ohne Räder auf, denn es sollte durch den Wald bergauf gehen. Als sie in den Waldweg einbogen, ratterte vor ihnen her eine Handkarre, mühsam bergauf gezogen von der alten Frau, die sie auf der Landstraße überholt hatten.

»Jetzt ist die Alte erst hier?« wunderte sich Martin, der sich erinnerte, Frau und Karre irgendwo dahinten auf dem Weg gesehen zu haben.

Die Vier hatten sie schnell eingeholt. »Na, wo wollen Sie denn hin?« fragte Paul überflüssigerweise. Es war ja eindeutig, daß sie Holz sammeln wollte.

»Wo soll ich schon hin? Holz holen.«

»Na, Sie kriegen ja jetzt die leere Karre kaum bergauf, wie soll das nachher mit der vollen gehen?« Damit griff Martin nach der Deichsel. Franz und Dieter nahmen das stillschweigend als Aufforderung zum Schieben, und vorwärts ging's, einen steilen, holprigen Weg hinauf. Dann standen sie an einem Kahlschlag, wo das Holz in kleinen und großen Stücken reichlich herumlag, auch starke und dürre Äste und Zweige.

»Hier wollten Sie wahrscheinlich sammeln, Oma?«

Die Frau nickte lebhaft.

»Einen Sammelschein haben Sie doch?« fragte Dieter, der sich in diesen Dingen auskannte.

Sie kramte in ihrer Tasche, aber Dieter winkte verlegen ab.

»Ich meinte nur...«

Schon hatten sich die andern an die Arbeit gemacht. Da

krachten die Äste über kräftigen Knien, da türmte sich bald das Holz, von Paul und Franzissi fachmännisch geschichtet, auf dem Handwagen. Das ganze war für sie ein großer Spaß.

»Ach, ihr guten Jungens, ich kann euch gar nichts geben für eure Arbeit. Und jetzt hört auf, so viel kann ich nicht heimfahren den weiten Weg bis Niederweiler.«

»Wenn schon, dann richtig, Oma. Das machen wir schon. Sie sollen mal sehn, wenn wir nachher zu vier Mann losfahren! Da können Sie sich noch oben auf die Fuhre setzen.«

Es war bereits Mittag, als die Fahrt abwärts begann. Durch den Wald war es nicht sehr anstrengend, nachdem das erste steile Stück mit dem nötigen Bremsen bewältigt war. Aber dann, auf der Landstraße, trotteten die Jungen doch ziemlich betröppelt einher. Die Sonne brannte auf ihre Rücken.

»Wenn wir daran gedacht hätten, wie weit...« setzte Dieter einmal an, aber Martin schnitt ihm das Wort ab.

»Was denn, wir können jetzt nicht aufgeben. Wir haben angefangen, da können wir nicht mittendrin aufhören.«

In einer Gasse machte die Alte endlich halt.

»Wie soll ich euch das nur gutmachen, ihr lieben Jungens...«

»Packen Sie Ihr Holz aus, Oma! Tschüß!« Fort waren sie, im Nu um die Ecke verschwunden.

Als sie außer Sicht waren, setzten sie sich erst mal wie auf Kommando an den Straßengraben.

»Wißt ihr, wie spät es ist? Gleich drei«, begann Dieter. »Unser letzter Tag in den Ferien! So ein Blödsinn! Jetzt trudeln wir zurück nach Oberweiler, um die Räder zu holen – dann können wir uns schon bald auf den Heimweg machen. Für irgendwas anderes wird es zu spät.«

Paul fragte: »Wie sind wir eigentlich auf die Idee gekommen, der Alten ihre Fuhre zu machen?«

»Martin...«, sagte Dieter mit einer Kopfbewegung zu dem Genannten.

»Wieso ich?« protestierte der. »Wir alle. Es kam eben so. Tat sie euch nicht auch leid, wie sie so daherkeuchte?«

»Naja, das schon...«

Franzissi zog mit nachdenklicher Miene einen Grashalm durch die Zähne. »Seht ihr, das ist es. Es kam eben so. Ganz von allein. Man tut es, weil man muß, weil man nicht anders kann.«

Dieter sprang auf, die andern auch. »Der heilige Franziskus hat gesprochen!«

Er gab Franz einen leichten Klaps auf den Rücken. »Los Leute, jetzt werden keine Reden gehalten. Fahren wir nach Oberweiler. Meine Tante hat den Pflaumenkuchen fertig!«

# Sitzengeblieben

Susanne ging heute nach der Schule nicht mit den andern, die den gleichen Weg hatten. Die Schultasche erschien ihr so schwer wie nie vorher, und doch war es nur ein einziges Blatt, das der Tasche ihr Gewicht gab, und auf diesem Blatt nur zwei Worte: Nicht versetzt.

Das Schlimmste war, sie hatte gebetet, ach, wie sie gebetet hatte! Jeden Morgen und jeden Abend, und immer, wenn eine besondere Arbeit zu schreiben war: »Hilf mir, Herr Jesus, hilf mir.«

Er hatte ihre Gebete nicht erhört!

Dabei hatte sie immer in der Sonntagsschule gehört, man könne mit allen Sorgen zu Gott kommen, er erhöre Gebete – und nun?

Was würde ihr Vater sagen? Er hielt nicht viel vom Beten. »Paß in der Schule auf und mach zu Hause deine Schularbeiten, das ist nützlicher als beten«, hatte er gesagt.

Sie *hatte* aufgepaßt, sie *war* fleißig gewesen, hatte hinter den Büchern gesessen, wenn sich die andern draußen tummelten.

Ihr Vater hatte sie aufs Gymnasium geschickt, damit etwas aus ihr werden sollte. Er meinte es bestimmt gut, aber das ganze Jahr war es für Susanne eine Quälerei gewesen. Und nun? Nicht versetzt. Es war schrecklich. Susanne hatte keinen Mut, nach Hause zu gehen. Ziellos lief sie durch die Straßen. Sie dachte nicht daran, daß ihre Mutter daheim in Sorge sein könnte.

Da fuhr die Linie eins der Straßenbahn. Plötzlich fiel ihr ein: Frau Köster, die Sonntagsschultante, wohnte ein paar Häuser hinter der Endhaltestelle der Eins. Ja, sie wollte zu Frau Köster gehen. Sie sollte ihr erklären, warum ihre Gebete nicht erhört worden waren.

Es fing an zu regnen, ein kalter Wind kam auf. Susanne achtete nicht darauf. Sie hatte nur den Gedanken: Sitzengeblieben – der Herr Jesus hat mich nicht erhört!

Endlos zog sich der Weg hin von der Endstation bis zu Frau Kösters Haus. Obwohl es nur leicht regnete, liefen Susanne längst Tropfen aus den Haaren übers Gesicht. Das Kleid klebte feucht an den Beinen, die Schuhe quietschten vor Nässe.

Endlich war sie am Ziel. Susanne klingelte, und gleich darauf summte der Türdrücker.

Frau Köster prallte zurück, als sie Susanne vor sich sah. Während sie das Mädchen in die Wohnung zog, kam Susanne blitzartig der Gedanke: Wenn sie die Schultasche sieht, schickt sie mich gleich nach Hause. Deshalb stellte sie die Tasche neben die Garderobe.

»Susanne!« rief Frau Köster aus und schob sie ins Zimmer. »Was ist passiert? Wo bist du im Regen herumgelaufen?«

»Ich bin sitzengeblieben«, stammelte das Mädchen nur.

Frau Köster half ihr, die nassen Kleider auszuziehen, holte frische Wäsche und einen Pullover und legte ihr eine Decke um. »Sitzengeblieben?« fragte sie. »Deshalb bist du so traurig. Aber wir werden schon etwas finden, was dich tröstet.«

Susanne schüttelte den Kopf. »Das ist nicht alles – Gott hat meine Gebete nicht erhört.«

»Was sagst du da?«

»Ich habe sooo gebetet, jeden Tag, und faul bin ich auch nicht gewesen! Warum hat Gott meine Gebete nicht erhört?«

»Bist du deshalb zu mir gekommen?«

»Ja, weil mein Vater immer sagt, beten nützt nichts, und es hat wirklich nichts genützt.«

»Armes Mädchen«, sagte Frau Köster, »ich kann mir gut vorstellen, wie dir zumute ist. Manchmal sieht es wirklich so aus, als ob der Herr Jesus nicht helfen wollte, als ob alles Beten umsonst sei. Aber wenn es heute auch so aussieht, als hätte er sich nicht um deine Gebete gekümmert – vielleicht hat er etwas vor, was du jetzt noch nicht weißt. Du hast ja gebetet und ihm vertraut. Da wird er für dich alles gut machen. Darauf kannst du dich verlassen. Was haben denn deine Eltern dazu gesagt?«

»Sie wissen es noch gar nicht, ich war noch nicht zu Hause.«

»Heißt das, du bist bis jetzt draußen herumgelaufen? Deine Mutter wird sich furchtbare Sorgen machen. Habt ihr Telefon?«

»Nein, bei uns hat keiner im Haus Telefon.«

»Ich rufe ein Taxi. Wir müssen heim zu euch. Ich komme mit zu deinen Eltern.«

Bald standen sie daheim vor der Tür. Die Mutter hatte verweinte Augen, aber der Vater sah Susanne erleichtert an.

Als sie im Zimmer saßen und Frau Köster gerade erklären wollte, was passiert war, sagte der Vater: »Wir wissen schon, daß Susanne nicht versetzt ist. Wir wollten gerade die Polizei verständigen, weil wir dachten, sie wäre entführt worden.«

Susanne wurde es schwindelig. Es rauschte und brauste in ihren Ohren, und alles drehte sich um sie. Dann wurde ihr schwarz vor den Augen, und sie wußte nichts mehr.

Als sie wieder zu Bewußtsein kam, hatte sie Fieber und fror, obwohl sie im Bett lag. Schüttelfrost, dachte sie.

Nach drei Tagen ging es ihr wieder viel besser. Die Sonne schien ins Zimmer, alles sah hell und freundlich aus. Als ihre Mutter ins Zimmer kam, um zu sehen, wie Susanne in der Nacht geschlafen hatte, setzte sie sich im Bett auf.

»Du bist ja wieder munter!« rief ihre Mutter und freute sich. »Jetzt wirst du sicher schnell gesund.«

»Warum bin ich eigentlich krank gewesen?« fragte Susanne.

»Naja, die Nässe und die Aufregung...« fing ihre Mutter an zu erklären.

Plötzlich wußte Susanne wieder alles. Ihr kamen die Tränen.

»Nicht weinen, Susanne. Es wird alles gut. Frau Köster hat deinen Vater davon überzeugt, daß auch ohne Gymnasium etwas aus dir werden kann. Nach den Ferien gehst du in die Realschule in der Weselstraße; da weiß niemand, daß du sitzengeblieben bist. Vati wird das mit dem Schulleiter regeln.«

»Ich brauche nicht wieder ins Gymnasium? Und Vati ist nicht mehr böse auf mich?«

»Nein, Vati hat eingesehen, daß das Gymnasium zu schwer für dich ist.«

»Und...« Susanne hatte noch etwas auf dem Herzen. »Wegen..., ich meine, was denkt er über das Beten? Weil es doch für die Schule nichts genützt hat?«

»Als du nach der Schule nicht nach Hause kamst, haben wir so viel darum gebetet, daß Gott dich wieder gesund zu uns bringt. Du brauchst dich nicht mehr zu sorgen, was dein Vater vom Beten hält. Was aber dein Gebet um die Versetzung angeht, so kann man wohl sagen: Er macht es nicht, wie wir es uns gedacht haben; er macht es besser, als wir denken.«

Da wußte Susanne: Unsere Gebete werden oft auf ganz andere Weise erhört, als wir erwartet haben.

# Es muß etwas passieren

»Mathe!« rief Bernd aus. »Jetzt habe ich den Zettel mit den Aufgaben nicht, die der Direx uns heute an die Tafel geschrieben und aufgegeben hat. Ich habe den Zettel Rainer Dörfeld gegeben, weil er nicht fertig geworden ist mit Abschreiben. Dann sind wir in die Turnhalle gegangen und haben den Zettel ganz vergessen. Wenn ich nur wüßte, wo Rainer wohnt! Jetzt kann ich mir den Zettel nicht mal holen. Was mache ich bloß?«

Der fünfjährige Kai, der still vor sich hin gespielt hatte, hob den Kopf und sagte: »Dann mußt du beten.«

Bernd lachte. »Beten, Kleiner, das sagst du so. Davon kommt der Zettel bestimmt nicht hergeflogen.«

»Ja, aber dann kann der Heiland etwas anderes machen, daß es mit deinen Aufgaben klappt.«

»Du mußt zum Direx sagen: Wieso? oder eine Ausrede erfinden«, schlug Stefan, der andre Bruder, vor.

»Ausrede, nein, da müßte schon was passieren, zum Beispiel die Decke einstürzen, damit ich sagen kann, ich mußte aufräumen helfen. Jedenfalls bin ich morgen der Blamierte. Ausgerechnet der Klassensprecher hat die Aufgaben nicht gemacht.«

Die beiden großen Brüder achteten nicht auf Kai, sondern überlegten weiter, was eventuell zu tun sei. Zu einem andern Klassenkameraden gehen? Die neue Siedlung, in der sie erst kurze Zeit wohnten, lag abseits, und abends verkehrten noch keine Busse. Überallhin war es ein weiter Weg.

Da rief die Mutter zum Abendessen. Kais Platz war leer.

»Wo ist Kai?« fragte der Vater.

Bernd sagte verlegen: »Der sitzt wahrscheinlich in irgendeiner Ecke und betet.«

Der Vater lächelte. »Das ist zwar das Beste, was er tun kann, aber wir wollen jetzt essen, also holt ihn her.«

Bernd sprang auf; sein Rufen tönte durchs ganze Haus: »Kai, komm essen! Kai, wo bist du?«

Bernd kehrte ins Zimmer zurück und sagte: »Ich kann ihn nicht finden.«

Der Vater wunderte sich. »Wieso meinst du, er habe sich zum Beten verkrochen? Was hat er denn Besonderes zu beten?«

Bernd wurde rot und erzählte von dem fehlenden Zettel. »Du meinst, Kai betet in einem geheimen Winkel für deinen Zettel, oder sagen wir besser, für dich?«

Bernd nickte. Bei dem Gedanken, daß der kleine Bruder für ihn betete, wurde er wieder verlegen.

»Ich muß jetzt zum Nachtdienst«, sagte der Vater, »ich habe keine Zeit mehr, Kai suchen zu helfen. Schaut auch mal im Hof nach. Weit weg kann er ja nicht sein.«

Kai hatte nach Bernds Erklärung, beten helfe hier nicht, sondern es müsse etwas passieren, eine Weile nachgedacht. Das konnte er, Kai, schon machen, daß etwas passierte, oder wenigstens, daß alle dachten, es wäre etwas passiert. Wenn er jetzt wegliefe, nur so ein kleines bißchen, um die Ecke, in die nächste Straße. Es war schon dunkel, da mußten sie ihn suchen und würden ihn nicht gleich finden. Dann konnte Bernd dem Lehrer sagen: Ich mußte meinen kleinen Bruder suchen helfen und konnte die Aufgaben nicht machen.

Gedacht, getan. Kai huschte aus dem Haus. Er lief bis ans Ende der Straße, wo die Sandhaufen der Baustelle lagen. Tagsüber spielte er hier mit den Nachbarskindern. Jetzt in der Dunkelheit sah alles fremd und unheimlich aus. Der Betonmischer – und hu – was war denn das dort? Was bewegte sich da? Angst überfiel ihn, fort, nur fort, nach Hause!

Er rannte, sprang über den Sandhaufen, stolperte über Steine, nirgends war eine Laterne, vorwärts, nur schnell irgendwohin, wo Licht war.

Die Mutter und die beiden Brüder hatten sich nach einem Rundgang durch die benachbarten Straßen wieder am Haus zusammengefunden. Sie hatten niemand auf der Straße getroffen, den sie nach dem verschwundenen Kai hätten fragen können.

Stefan meinte: »Die Siedlungshäuser sehen alle gleich aus, dadurch hat sich Kai wahrscheinlich nicht mehr zurechtgefunden.«

Da bog ein Auto um die Ecke, hielt an, und der Fahrer kurbelte das Seitenfenster herunter. »Können Sie mir sagen, wo der Tannenweg ist?«

Bernd lief zu dem Wagen, die Mutter hörte einen freudigen Ausruf, und schon kam Bernd, einen Zettel schwenkend, auf die Mutter zugerannt, während das Auto davonfuhr.

»Die Aufgaben! Herr Dörfeld hat sie mir gebracht! Ach, wenn Kai doch nur schon zu Hause wäre.«

Kai hatte eine Laterne entdeckt und war darauf zugelaufen. Aber diese Straße war ihm völlig fremd. Wo ging es nur zum Tannenweg? Er war todmüde und dachte: Hätte ich nur gebetet, dann bräuchte ich jetzt nicht hier herumzulaufen!

Er stolperte vorwärts und wollte sich gerade auf den Bordstein setzen, da sah er am Straßenrand die grüne Abfalltonne. Darauf konnte man schön sitzen. Wie oft hatte er es getan, nur so aus Spaß. Jetzt wollte er sich darauf ausruhen. Er kletterte auf den Rand und ließ Arme und Beine über den Rand hängen. Dann döste er vor sich hin, und plumps, rutschte er in die Tonne! Nur der Haarschopf und die Füße schauten über den Rand. Das war schlimm. Er konnte sich nicht rühren, keiner würde seine Hilferufe hören, und bei dem geringsten Versuch herauszukommen, rutschte er nur noch tiefer.

Es muß etwas passieren! Ja, jetzt war wirklich etwas passiert! Beten! Nichts anderes konnte jetzt helfen, nur der Herr Jesus, wenn Kai in seiner Not betete.

»Herr Jesus, lieber Heiland – lieber Herr Jesus – bitte – ich kann hier nicht raus.«

»Was ist denn das?« hörte er nach einer langen Weile eine Frauenstimme, »hier steckt einer im Papierkorb!«

»Ich kann nicht raus, ich kann nicht raus!« rief Kai, so laut er konnte.

»Du kleiner Nichtsnutz, wie bist du nur da hineingekommen?« hörte Kai eine Männerstimme fragen. »Na, das werden wir gleichen haben.«

Schon spürte Kai eine kräftige Hand im Nacken, die andere Hand packte seine Beine, drückte sie fest an seine Brust, und mit einem Ruck war er frei. Ein vorbeikommender Radfahrer nahm ihn auf sein Rad und brachte ihn nach Hause.

Am andern Tag, als die Familie beim Mittagessen saß, sagte Kai: »Gestern, als ich im Papierkorb saß, da habe ich gemerkt, daß beten doch hilft.« Er sah Bernd herausfordernd an.

Der Vater nickte. »Ja, auch Bernd hat es erfahren mit seinem Aufgabenzettel. Ihr alle hättet euch viel Aufregung und Mühe ersparen können. Es ist nicht so, als ob alle Wünsche prompt erfüllt würden. Aber das merkt euch, auch die kleinen Sorgen sind Gott nicht zu klein, wir können auch damit zu Jesus kommen.«

»Ja, Vati, das nächste Mal, wenn was los ist, höre ich nicht auf Bernd und lasse was passieren, sondern sage es gleich dem Heiland.«

# Der silberne Fingerhut

Am ersten Schultag nach den Weihnachtsferien brachte Elke einen neuen Fingerhut mit in die Handarbeitsstunde.

»Silber«, sagte sie, »echt, ihr könnt den Stempel sehen. Oben, auf der Kuppe, leuchtete ein dunkelroter Stein.«

Bettina ärgerte sich. Elke hatte immer etwas Besonderes. Elke, ihre Rivalin, die Klassenbeste.

»Silber, puh«, sagte Bettina, »meine Mutter hat auch einen silbernen Fingerhut, als ob das etwas Besonderes wäre.«

»Es nützt dir nichts, wenn deine Mutter einen silbernen Fingerhut hat. Ich habe jedenfalls bei dir noch nie einen silbernen Fingerhut gesehen.«

»Gut, ich bringe ihn mit«, sagte Bettina, »er hat oben einen blauen Stein, wahrscheinlich ist er echt, richtig wie an einem Ring. Da werden wir ja sehen, welcher schöner ist, deiner oder meiner.«

Auf dem Heimweg überlegte sie, ob ihre Mutter erlauben würde, daß sie den Fingerhut mit in die Schule nahm. Er war ein Andenken an Mutters Freundin. Vielleicht war es am besten, Mutti gar nicht erst zu fragen, denn blamieren wollte sich Bettina auf keinen Fall.

Ich will ihn ja nur einmal zum Zeigen mitnehmen, und was nicht verboten ist, ist erlaubt. Ich tue ihn hinterher einfach wieder an seinen Platz. Mutti braucht es gar nicht zu erfahren, dachte Bettina.

Am Nachmittag – ihre Mutter war zur Schneiderin gegangen, der kleine Bruder zu seinem Freund –, huschte Bettina in die Ecke, wo der Nähkasten stand. Sie zog die Fächer auseinander, schob die Seidenbänder beiseite und griff nach dem Kästchen, in dem der Fingerhut lag.

Sie fühlte ihr Herz bis zum Hals klopfen und hätte sich

selber auslachen mögen. Was war schon dabei, wenn sie den Fingerhut für einen Tag aus seinem Versteck holte? Mutti würde es gar nicht merken.

Aber, merkwürdig, Bettinas Herz brauchte seine Zeit, um wieder ruhig zu werden.

Tags darauf konnte es Bettina kaum erwarten, bis sie die erste Schulfreundin traf. »Ich habe den Fingerhut in meiner Mappe. Ihr werdet staunen. Er ist viel schöner als Elkes Fingerhut. Winzig kleine Röschen sind drauf, und den Stempel kann ich euch auch zeigen.«

Da bog Elke um die Ecke. Als sie von Bettinas Fingerhut hörte, tat sie überlegen. »Daran habe ich gar nicht mehr gedacht. Damit hättest du bis zur nächsten Handarbeitsstunde warten können. Ich bin nicht neugierig auf deinen Fingerhut. Er gehört ja nicht mal dir, sondern deiner Mutter.«

»Du sollst nur sehen, daß du nicht als einzige einen silbernen Fingerhut hast. Später krieg' ich den bestimmt. Wenn du ihn siehst, mußt du zugeben, daß meiner viel schöner ist als deiner. Warte nur bis nachher.«

Im Klassenzimmer angekommen, war Bettina gleich umringt. Ja, sie mußten alle zugeben: Dieser Fingerhut war wirklich ein kleines Kunstwerk. Eine kleine Rosenranke war am Rand eingraviert, und Elke gab zu: »Ja, der ist wirklich wunderschön. Diese Röschen, wie man so etwas nur machen kann!«

Nun wollten ihn alle genau betrachten, Silvia und Helga und Sabine und ... und ... ja, wer hatte ihn gerade in der Hand gehabt, als es läutete? Wer hatte ihn unter die Bank rollen lassen?

In der Pause krochen alle unter die Tische, um nach dem Fingerhut zu suchen. Ach, und dann trat jemand darauf, ganz flachgedrückt kam er zum Vorschein. Wer hatte ihn zertreten? Niemand wollte es gewesen sein.

Karin, die Praktische, nahm einen Bleistift, zwängte ihn in die verbeulte Öffnung und brachte den Fingerhut ein bißchen in Form. Aber der blaue Stein auf der Kuppe hatte sich an der Seite ein wenig gelöst, das war nicht wiedergutzumachen.

So langsam wie an diesem Tag war Bettina noch nie aus der Schule nach Hause gegangen. Was würde ihre Mutter sagen, wenn sie eines Tages den verbeulten Fingerhut entdeckte?

Ebenso schnell, wie sie am Tag vorher den Fingerhut an sich genommen hatte, versteckte sie ihn heute unter den Seidenbändern.

Am Abend, als ihr Vater die Andacht las, hielt Bettina den Kopf gesenkt und begann, die Fransen der Tischdecke zu flechten.

Was las da der Vater vor? Bettina war bestürzt und wagte nicht, den Kopf zu heben.

»Denn als ich es wollte verschweigen, verschmachteten meine Gebeine...« Es rauschte in Bettinas Ohren, das Herz begann wild zu klopfen. Verschweigen... was weiß Vati von dem, was ich verschweigen muß?, dachte sie.

Bettina schielte von unten herauf zu ihrer Mutter hin, dann zu ihrem Vater, aber ihre Mienen verrieten nichts. Gleichmäßig und ruhig las der Vater weiter: »Darum bekannte ich dir meine Sünde, und meine Schuld verhehlte ich nicht...«

Das war schrecklich! Oh, Bettina verstand das so gut. Aber warum las ihr Vater das gerade heute? Siedendheiß überkam es Bettina. Beinahe wäre sie aufgesprungen, um sich an Muttis Schulter zu lehnen und ihr zu sagen...

Aber war die Sache wirklich so wichtig? Sie hatte weder gelogen noch gestohlen, aber was denn – was war eigentlich geschehen, daß sie so durcheinander war?

Die Tage gingen hin wie vorher. Man ging zur Schule,

machte die Schularbeiten, half der Mutter hier und da, spielte mit dem Bruder oder lief in den Schnee hinaus, aber dennoch war irgend etwas anders.

Wie schrecklich war das! Bettina hatte nicht gelogen, ja, sie war nicht einmal ungehorsam gewesen, und doch hatte sie unrecht getan. Sie dachte verzweifelt: Als ich es verschweigen wollte, verschmachteten mir... Ja, sie fühlte sich wirklich so. Aber sie hatte nicht den Mut, ihrer Mutter alles einzugestehen.

Da nahm die Mutter eines Tages ihre Tochter beiseite. »Ich glaube, wir müssen einmal unter vier Augen reden. Ich spüre seit ein paar Tagen – du hast etwas auf dem Herzen. Willst du mir nicht sagen, was dich quält?«

»Hast du ihn gefunden?« fragte Bettina und wagte nicht, ihre Mutter anzusehen.

»Gefunden? Was soll ich gefunden haben, Bettina?«

Mit einem Aufschluchzen warf sich das Mädchen in ihre Arme und erzählte, was geschehen war.

Wortlos zog die Mutter den Nähkasten heran, kramte die Schachtel mit dem Fingerhut hervor und öffnete sie.

»Schade«, sagte sie nur.

»Bist du sehr traurig, daß er kaputt ist, Mutti?«

»Das mit dem Fingerhut ist nicht so schlimm für mich, Bettina, aber daß du kein Vertrauen zu mir gehabt hast, das tut mir weh.«

Jetzt begriff Bettina, was die kleine Sache, die weder Lüge noch Diebstahl noch Ungehorsam war, so groß und schwer gemacht hatte.

Die Mutter sagte: »Ich lasse den Fingerhut reparieren und schenke ihn dir. Und nun brauchen wir nicht mehr darüber sprechen, denn ich habe dir vergeben. Was man vergeben hat, soll man auch vergessen.«

Erleichtert und glücklich umarmte Bettina ihre Mutter.

# Die zerbrochene Fensterscheibe

Anke hatte gut verstanden, was sie in der Sonntagsschule von der Barmherzigkeit gehört hatte. Im neuen Schuljahr kam Sibylle Brühne, die sitzengeblieben war, in die Klasse. Da setzte sich Anke neben sie, obwohl ihre Freundinnen Ingrid und Bärbel sie deshalb schief ansahen.

Schon am zweiten Tag fragte Anke die neue Mitschülerin, wo sie wohnte.

»Im letzten Haus von der Bergstraße«, sagte Sibylle.

»Ich komme ein Stück mit«, entschied sich Anke.

Sibylle wurde rot vor Freude. Vor dem Haus angekommen, zeigte sie auf zwei Fenster im ersten Stock: »Das sind unsre beiden Fenster, die Küche und das Schlafzimmer. Du kannst mit raufkommen. Ich bin allein. Meine Mutter arbeitet noch.«

Anke schüttelte den Kopf. »Das wird mir zu spät, ich muß rennen, sonst komme ich zu spät zum Essen nach Hause.«

Am Nachmittag machte sich Anke auf den Weg, um Sibylle zum Spielen abzuholen. Am Haus in der Bergstraße suchte sie nach der Schelle, fand aber keine. Was sollte sie tun? Laut rufen oder an die Haustür pochen? Da lag ein kleiner Kieselstein. Anke hob ihn auf, zielte und traf gleich beim ersten Wurf das Fenster im ersten Stock. Ein Knall, ein Klirren ... Erschrocken sah Anke, was sie angerichtet hatte. Die Scheibe war kaputt!

Einen Augenblick starrte das Mädchen auf die Scherben zu ihren Füßen, dann rannte sie, hui, um die Ecke.

Sibylle saß in der Küche über ihren Hausaufgaben, da hörte sie nebenan im Schlafzimmer das Klirren. Sie ging hinüber und sah betroffen die Scherben. Der Luftzug hatte die Gardine erfaßt; sie blieb an dem Fensterglas hängen, das noch im Rahmen saß. Sibylle löste vorsichtig die Gardine. Dann erst fiel ihr ein, nach dem Übeltäter zu schauen. Aber so weit sie sich auch in der Küche aus dem Fenster lehnte, niemand war zu sehen.

Eine ganze Woche war schon nach dem Ereignis vergangen. Anke hatte die zerbrochene Fensterscheibe beinahe vergessen. Da kündigte die Lehrerin den Schulausflug an. »Wir fahren mit dem Bus nach Arsberg, wandern zum Heidesee, übernachten in der Jugendherberge und wandern am andern Tag über die Stolberger Höhe. Dort holt uns dann der Bus zur Heimfahrt ab. Es kostet zwanzig Mark. Was darüber ist, bezahlt die Schulkasse. Morgen muß ich Bescheid haben, ob ihr alle mitfahrt, damit ich es der Jugendherberge melden kann.«

Das gab einen Jubel!

Am andern Tag stellte sich heraus, daß außer Sibylle alle mitfahren würden. Auf die Frage der Lehrerin wurde das Mädchen so verlegen, daß sie nicht weiter forschte.

Anke aber wollte nach der Stunde von der Freundin unbedingt wissen, warum sie nicht mitfahren durfte.

Mit einem tiefen Seufzer erklärte Sibylle: »Es ist so... aber bitte erzähl es nicht weiter. Vorige Woche hat jemand bei uns eine Fensterscheibe eingeworfen. Die neue Scheibe hat hundertdreißig Mark gekostet. Da kann meine Mutter nicht noch zwanzig Mark für den Ausflug ausgeben.«

Anke erschrak. Im ersten Augenblick konnte sie kein Wort sagen. Dann aber sprudelte sie hervor: »Nein, deswegen brauchst du nicht zu Hause bleiben. Ich nehme alles Geld aus meiner Sparbüchse, zehn Mark sind bestimmt drin. Ich gebe sie dir für den Ausflug.«

»Was haltet ihr denn für Kriegsrat?« mischte sich da Bärbel ein, die die beiden beobachtet hatte.

»Sibylle kann nicht mitfahren, weil ihre Mutter kein Geld hat. Aber ich werde es ihr geben.«

Bärbel sagte: »Klar helfen wir dir, Sibylle, wir legen zusammen, die ganze Klasse. Dann ist es für jeden nur wenig.«

»Wir brauchen die Klasse nicht dazu. Ich gebe ihr das Geld. Das braucht niemand zu erfahren!« rief Anke aus.

Aber dann erfuhren es doch alle, sogar die Lehrerin. Sie lobte Anke vor der ganzen Klasse und entschied, daß sie alle das Geld für Sibylle zusammenlegen würden.

Auf dem Ausflug bemühte sich Anke besonders um Sibylle, überließ ihr den Fensterplatz im Bus, teilte ihre Schokolade mit ihr und ließ ihr bei allen Spielen den Vortritt. Immer wieder erntete sie ein Lob von der Lehrerin, und Sibylle strahlte sie so dankbar an. Es war nicht zum Aushalten.

Anke war ganz verzweifelt. Niemals würde sie mit dieser verdrehten Geschichte allein fertig werden. Zu Hause rannte sie zu ihrer Mutter und jammerte: »Ich weiß nicht, was ich machen soll. Erst wollte ich Sibylle einen Gefallen tun, da passierte das mit der Fensterscheibe, und als ich es gutmachen wollte...«

Ihre Mutter sagte: »Beruhige dich erst mal und erzähl mir der Reihe nach, was eigentlich los ist.«

Und so erzählte Anke alles, vor allen Dingen, daß sie es nicht geschafft hatte, die Sache mit der Fensterscheibe wiedergutzumachen. »Immer mischen sich andere ein und legen Geld zusammen, und außerdem werde ich noch gelobt. Es wird nicht gut! Dabei möchte ich das doch!«

»Es wird deshalb nicht gut, Anke, weil du es von vornherein falsch angefangen hast. Du mußt deine Schuld eingestehen und die Scheibe bezahlen.«

»Das kann ich nicht, Mutti – sagen, daß ich die Scheibe

kaputtgeschmissen habe. Was sollen Sibylle und ihre Mutter von mir denken!«

»Ich gehe mit dir zu Sibylles Mutter und helfe dir, die Sache in Ordnung zu bringen.«

Dann war alles ganz einfach. Frau Brühne war froh über das Geld für die Scheibe, und Sibylle meinte, Anke habe die Scheibe ja nicht mit Absicht zerschlagen. »Jetzt sind wir erst richtige Freundinnen«, meinte sie.

Auf dem Heimweg sagte Anke: »Ich bin so froh, Mutti! Jetzt ist wirklich alles gut.«

»Ja, du hast deine Schuld gestanden, und ich habe für dich bezahlt. – Genauso ist das mit unserer Schuld vor Gott. Bezahlt hat Jesus für uns am Kreuz, wir brauchen nur noch um Vergebung zu bitten.«

## Sabine hat's verstanden

»Ute kommt auch aufs Gymnasium. Hoffentlich nicht in meine Klasse!« sagte Sabine und warf die Schultasche auf den Küchenstuhl.

»Warum soll sie nicht in deine Klasse kommen? Es wäre doch für euch beide schön, gleich am Anfang eine Bekannte zu haben.«

»Bekannte, Mutti, ja, aber nicht Ute! Sie ist die Frechste in der ganzen Klasse. Sie ist nach Weihnachten zu uns gekommen, hat aber noch keine Freundin bei uns gefunden, weil sie so frech ist. Niemand kann sie leiden. Neulich hat sie mir einen Klecks aufs Heft gemacht, in die Klassenarbeit. Verpetzt habe ich sie trotzdem nicht. Aber ich wäre froh, wenn ich sie nicht mehr in der Klasse hätte.«

»Denkst du nie mehr an den Spruch, den du dir neulich ausgesucht hast?«

Sabine wurde ein bißchen rot. »Wie soll man bei Ute das Böse mit Gutem überwinden, Mutti?«

»Es gibt ein gutes Mittel, mit Leuten fertig zu werden, über die man sich ärgert. Man muß für sie beten.«

Sabine mußte an diesem Nachmittag immer an die Worte ihrer Mutter denken. Zu allem Überfluß fiel ihr das Kärtchen mit dem Spruch in die Hände, von dem die Mutter gesprochen hatte. Wie unter einem Zwang las Sabine: Laß dich nicht vom Bösen überwinden, sondern überwinde das Böse mit Gutem.

Konnte man das bei Ute? Könnte man es, wenn man für sie betete?

Am Abend vor dem Einschlafen, als sie leise für ihren Vater und ihre Mutter betete und Gott alle ihre Wünsche sagte, fiel ihr Ute wieder ein, und sie fügte eine flüchtige Bitte für sie hinzu.

Merkwürdig, jetzt betete Sabine jeden Tag für Ute, obwohl sie das eigentlich gar nicht wollte. Manchmal beobachtete sie sie. Warum saß Ute in der Pause immer allein auf dem Mauervorsprung am Rande des Schulhofs? Aha, sie ärgerte die Vorbeilaufenden, warf mit kleinen Steinchen nach ihnen oder stellte ihnen ein Bein. Da sah man es wieder, sie hatte nur Böses im Sinn!

Sabine sah Ute nach, wie sie auf der andern Straßenseite allein nach Hause schlenderte. An der Ecke blieb sie stehen und schaute traurig zu den Mädchen herüber, die noch fröhlich vor der Schule zusammen waren und lachten.

Vielleicht ist Ute so geworden, weil niemand in der Klasse ein bißchen nett zu ihr ist, hatte Sabines Mutter gesagt. Sabine war nicht ganz wohl zumute.

Abends, wenn Sabine im Bett die Hände faltete, sah sie Ute ganz deutlich vor sich. Aber nicht mit herausgestreckter Zunge wie oft in der Schule, nicht mit der Fratze, die sie den andern immer wieder im Vorbeigehen schnitt. In Sabines Vorstellung hatte sie den Ausdruck im Gesicht wie an der Straßenecke, als sie zu der fröhlichen Mädchengruppe herüberschaute. Aus Sabines Gebet für Ute wurde eine ernsthafte Sache.

So verging ein Tag nach dem andern, schon kam die Zeit, wo sechzehn Mädchen und Jungen aus der Klasse ins Gymnasium überwechseln sollten.

Fünfzehn von den zukünftigen Gymnasiastinnen hockten jetzt in der Pause in Grüppchen zusammen. Am Schluß sollte zur Beurteilung noch eine besondere Klassenarbeit geschrieben werden. Man besprach und überlegte, was drankommen und wie man bestehen würde.

Bei alledem vergaß Sabine nicht, Ute zu beobachten.

Wenn ich sie nur mal allein erwischen würde, dachte sie. Zu ihr hinüberlaufen vor all den andern, nein, das wollte sie nicht; man wußte auch nicht, wie Ute sich verhalten würde. Zweimal Spott ertragen – einmal von den Freundinnen, wenn sie Ute ansprach, und dann, wenn Ute sie abblitzen ließ, nein, das mochte Sabine nicht. In der Pause mal zu ihr gehen? Nein, da sahen alle zu. Während der Stunde – Ute saß vor ihr – gab es auch nie eine Gelegenheit, sich ihr unbeobachtet zu nähern. Obwohl Vorsagen getadelt wurde, hätte es Sabine für Ute riskiert. Aber man brauchte Ute nichts vorzusagen. Sie wußte immer alles. Sie blieb nie im Satz stecken und hatte beim Rechnen immer das richtige Ergebnis. Es war nicht leicht, an Ute heranzukommen.

Dann kam der Tag der großen Testarbeit. Die Lehrerin stellte die Aufgabe, dann war es ganz still im Raum. Nur ab und zu hörte man das Rascheln von Papier, einen leisen Seufzer, das Scharren eines Fußes.

Sabine schrieb eilig. Sie dachte nicht mehr an Ute.

Da drehte Ute sich um. Machte sie sogar jetzt, wo es um so Wichtiges ging, irgendeinen Mist?

»Du«, flüsterte Ute, und noch einmal: »Du...«

Mist? Nein. Sabine sah an Utes verzweifeltem Gesicht, daß es um etwas Ernstes ging. Ohne ein weiteres Wort zeigte Ute auf ihren Füller. Es war keine Tinte mehr drin. Ratlos zuckte sie die Achseln. Sabine merkte, daß Ute beinahe die Tränen kamen. In Sabines Kopf wirbelten die Gedanken durcheinander.

Das Böse mit Gutem überwinden! Das war *die* Gelegenheit!

Noch einmal meldete sich in Sabine die Stimme des Bösen. Schadet ihr gar nichts, sie gibt sonst immer so an. Sie ist immer so frech!

Aber da war die andre Stimme. Ganz deutlich hörte Sabine die Mahnung: Überwinde ... überwinde das Böse ...

Wie unter einem Zwang griff Sabine zu ihrem Schreibetui. Sie reichte Ute ihren Kugelschreiber und beugte sich dann schnell wieder über ihre Arbeit. Sie fühlte sich leicht und froh, und sie wußte auch, woher das kam.

Die Stunde war zu Ende. Die Lehrerin sammelte die Hefte ein.

Ute drehte sich zu Sabine herum und flüsterte: »Danke für deinen Kuli! Hier hast du ihn wieder. Das vergesse ich dir nie!«

Sabine lächelte. »War doch klar, Ute.«

Nach ein paar Tagen wurde das mit Spannung erwartete Ergebnis bekanntgegeben. Ute hatte mit »Sehr gut« bestanden.

In der Pause schob sie sich schon auf der Treppe neben Sabine und sagte: »Wenn ich deinen Kuli nicht gehabt hätte ...! Hoffentlich kommen wir im Gymnasium in die gleiche Klasse und ich kann neben dir sitzen!«

# Wer rettet Michael?

Immer wieder kam es zwischen Christian und Michael zu einer Prügelei. Dabei war Christian, der Kleinere von beiden, so ein netter Kerl, den alle mochten.

Aber Michael forderte Christian immer wieder heraus, weil Christian ein »Frommer« war, der zur Jungschar ging und manche Streiche nicht mitmachte.

Uwe und Reinhold aber mochten Christian gern und duldeten Michael nur bei ihren Unternehmungen, weil ausgerechnet Christian ihn verteidigte. »Keiner mag ihn«, sagte Christian, »gerade wir aus der Jungschar müssen nett zu ihm sein.«

Schnitt der Pfarrer in der Jugendstunde das Thema »Vergeben« an oder »liebe deinen Nächsten«, stupste Christian Uwe und Reinhold in die Seite und flüsterte mit vielsagendem Blick: »Michael!«

Am ersten Frühlingstag machten sich die vier Jungen auf den Weg zur Sandgrube. Sie war seit Jahren stillgelegt. Der Sand war fest wie eine Mauer. Im vergangenen Sommer hatten sie einen Stollen von etwa einem Meter in den Sand gebuddelt und dahinter eine Höhle, in der sie beinahe aufrecht stehen konnten. Jetzt wollten sie nachsehen, ob sie noch zu gebrauchen oder sogar weiter auszubauen wäre.

Uwe, der als erster hineinkroch, kam gleich wieder zum Vorschein: »Zu blöd, die Höhle ist zur Hälfte eingestürzt. Es lohnt sich nicht, wieder neu anzufangen.«

»Ach was, laß mich mal ran.« Michael schob Uwe beiseite. »Ich habe eine Taschenlampe und werde mich mal genau umsehen.«

Auch er kam schnell aus dem Gang zurück, war aber anderer Meinung als Uwe. »Das ist keine große Arbeit. Los, zwei buddeln drinnen, zwei draußen! Irgendwo muß noch die Schippe liegen vom vorigen Jahr. Was wir von drinnen auf den Gang werfen, schaffen zwei draußen mit der Schaufel weg, damit der Gang frei bleibt.«

Jetzt steckte Christian den Kopf in die Höhle, kam aber sofort wieder heraus. »Hat keinen Zweck. Der Sand rutscht nach, wenn man sich nur an die Wand stützt.«

Michael hatte inzwischen ein Brett entdeckt und erklärte: »Mit diesem Brett stütze ich die Decke ab, dann kann nichts nachrutschen. Der Sand, der jetzt drinliegt, ist in ein paar Minuten rausgebuddelt. Das mache ich ganz allein, wenn ihr zu faul oder zu feige seid.«

Schon kroch er, das Brett vor sich herschiebend, durch den Gang ins Innere des Sandbergs. Nach einer Weile steckte er den Kopf heraus: »Einer muß mir die Taschenlampe halten.«

Uwe zögerte. Reinhold rührte sich nicht. Christian sah von einem zum andern, hob die Schultern und gab nach.

Mit der Lampe sah er die Bescherung drinnen viel deutlicher. »Michael, das ist faul, das ist oberfaul. Laß die Finger davon und komm raus.«

»Quatsch! Guck doch, das Brett paßt genau.« Er hob, sich duckend, das Brett über seinen Kopf und rammte es seitlich in die Wand.

Dann geschah es.

Lautlos sackte die Wand über ihm zusammen. Christian stand im Nu bis zu den Knien im rieselnden Sand. Er sah Michael vor seinen Augen im Sand verschwinden, kroch rückwärts ans Tageslicht und schrie den beiden draußen zu: »Schnell, holt Hilfe! Alles stürzt zusammen, Michael erstickt!«

Sie sahen Christian an, starr vor Schrecken.

»Nun lauft doch, lauft! Einer muß mir helfen. Lauf, Uwe, lauf! Allein schaffen wir es nicht!«

Jetzt hatten sie begriffen. Christian begann, ohne an die Gefahr zu denken, in der er selber schwebte, mit bloßen Händen den Sand aus der Höhle durch den Gang nach draußen zu schleudern. Reinhold hatte schon die Schippe entdeckt, die sie im Gesträuch versteckt hatten. So rostig sie auch war, mit ihrer Hilfe konnte er den Gang freihalten.

»Naaa...«, hatte Michael gerufen, als es plötzlich dunkel um ihn wurde. Aber dann hatte er auch schon begriffen, was geschah. Schnell saß er bis zur Brust im Sand. Das Brett, das er noch hochhielt, schützte ihn ein bißchen, aber bald wurden ihm die Arme lahm. Vorsichtig ließ er etwas locker und merkte: Das Brett saß fest.

»Christian!« rief er.

Keine Antwort.

Michaels Herz begann wild zu klopfen. Er versuchte den Sand fortzuwühlen, hielt aber gleich wieder erschrocken inne. Bei jeder Bewegung fühlte er es an seinem Rücken feucht und kühl herunterrieseln. Schon hatte die gleitende Masse seine Achselhöhlen erreicht. Sich still verhalten, reglos, das war das Beste, was er tun konnte. Uwe und Reinhold draußen würden schon merken, was passiert war, und Hilfe holen. Aber wie weit war es bis zu den ersten Häusern, und würden sie daran denken, zu telefonieren?

Unaufhörlich rieselte der Sand, lautlos, unheimlich. Wo mochte Christian stecken? Der hatte kein Brett, das ihn schützte.

Eine furchtbare Angst befiel Michael, ein maßloses Entsetzen. »Mama!« schrie er. Dann verlor er das Bewußtsein.

Christian lief der Schweiß übers Gesicht. Seine Hände brannten wie Feuer, sie waren vom Sand verkrustet, er achtete nicht darauf. Für eine Handvoll Sand, die er beiseite geschafft hatte, schien ein Eimer voll nachzurutschen.

Wie aus nebelhafter Ferne hörte er das Martinshorn, verworrene Stimmen, aber erst, als ihn jemand an den Beinen aus dem Gang zog, wurde ihm alles bewußt. Er taumelte hoch und sank gleich wieder völlig erschöpft zusammen.

Das Rettungskommando der Feuerwehr hatte noch eine ganze Weile Arbeit, bis es den Verschütteten geborgen hatte. Als Michael bleich und bewußtlos auf der Trage lag, trat einer der Sanitäter zu Christian und winkte dann seine Freunde heran.

»Seht mal«, er hatte Christians Hände gefaßt, »wie der sich die Hände blutig geschunden hat. Er wollte den da rausbuddeln, so mit bloßen Händen. Dadurch hat der soviel Luft bekommen, daß er nicht erstickt ist.«

An der frischen Luft erholte sich Michael schneller als erwartet.

Als er aus dem Krankenhaus entlassen wurde, begegnete er Christian, der aus der Ambulanz kam.

»Was machst du denn hier?« fragte Michael erstaunt. Er hatte inzwischen erfahren, wem er seine Rettung zu verdanken hatte.

»Och, die haben mir die Hände frisch verbunden.«

»Was ist denn mit deinen Händen los?«

»Ach, als ich immer gebuddelt habe, habe ich nicht gemerkt, daß keine Haut mehr an meinen Händen war. Da ist das Blut mit dem Sand zu einer Kruste geworden. Jetzt ist Salbe drauf, und es tut nur noch ein bißchen weh. Dafür bist du lebendig.«

Michael sah an Christian vorbei. »Du«, begann er verlegen, »wenn ich dir einen Gefallen tun kann...«

»Kannst du! Komm nächsten Dienstag mit uns zur Jungschar.«

# Nur eine Kirsche!

Susi kam mit Julia, ihrer großen Schwester, vom Schwimmen. An der Ecke bei dem großen Gemüsegeschäft standen die Kästen und Körbe mit dem Obst und Gemüse vor der Tür, Blumenkohl und Salat, lange grüne Gurken neben roten Radieschen, Pappkörbchen voller Erdbeeren und, oh, da waren die ersten Kirschen, frisch und rot und dick; sie sahen verlockend aus, beinahe wie aus Porzellan.

Susi streckte ihre Hand aus, nahm blitzschnell eine Kirsche von dem Haufen und steckte sie in den Mund.

So schnell es auch ging, Julia hatte es gesehen. »Was fällt dir ein, Susi! Du kannst doch nicht einfach Kirschen nehmen!?«

Susi kaute, schluckte und sagte »*Kirschen* – eine einzige habe ich genommen. Es kam halt so. Ich weiß selber nicht wie. Sie sahen so lecker aus.«

»Eine einzige oder viele, gestohlen ist gestohlen. Susi, du bist ein Dieb.«

»Dieb – wegen einer Kirsche? Ich kann sie nicht wieder zurücktragen, ich habe sie schon aufgegessen und vor Schreck den Kern verschluckt, weil du gesagt hast, ich sei ein Dieb!«

»Bist du auch, Susi. Und den Kern hast du verschluckt. Hoffentlich bekommst du kein Bauchweh. Das bekommt man nämlich manchmal, wenn man einen Kern verschluckt.«

»Bauchweh ... wegen einer Kirsche?«

»Ja, guck nur, es ist wahr. Es geschähe dir ganz recht.«

»Was soll ich denn jetzt machen? Es ist ganz von allein gekommen, daß ich die Kirsche genommen habe. Sie sahen so lecker aus, die Kirschen. Ich habe mir gar nichts dabei gedacht. Erzählst du es Mutti?«

»Nein, ich verpetze dich nicht. Aber das ändert nichts daran, daß du gestohlen hast.«

»Aber ich... es ist wirklich ganz aus Versehen passiert. Warum stellen die Leute die Kirschen auch so an die Straße?!«

»Damit Leute, die vorbeikommen, sie sehen und kaufen, aber nicht stehlen. Das hätte ich nie von dir gedacht.«

»Ist es wirklich so schlimm? Ist man wegen *einer* Kirsche wirklich ein Dieb?«

»Meinst du, man muß erst wer weiß was alles stehlen, um ein Dieb zu sein? Mit *einer* Kirsche fängt es an. Das nächste Mal ist es ein Apfel oder eine Banane und am Ende ein Pelzmantel.«

»Aber Julia, als ob ich so was wegnehmen würde! Die Kirschen lagen so da... Ich tue es bestimmt nie wieder.«

»Hoffentlich. Wenn du Bauchweh kriegst, weiß ich jedenfalls, woher du es hast.«

Sie waren zu Hause angekommen. Bedrückt schlich Susi hinter Julia die Treppe hinauf. Sie hatte gestohlen... das war schrecklich. Sie versuchte sich einzureden, *eine* Kirsche sei wirklich nicht so schlimm, wie Julia es hinstellte. Susi hätte gern mit ihrer Mutter darüber gesprochen. Aber es war Besuch da, alle waren fröhlich, niemand merkte etwas von Susis Not. Später beim Nachtgebet hatte es die Mutter eilig, weil der Besuch noch im Wohnzimmer saß.

Als Julia dann leise ins Zimmer kam und in ihr Bett stieg, war Susi immer noch wach und fragte die Schwester: »Du, Julia, mit dem Kirschkern, wann kriegt man die Bauchschmerzen?«

»Du liebe Zeit, schläfst du noch nicht? Warte nur ab, du wirst es schon merken, wenn es in deinem Bauch anfängt zu rumoren. Dann sag Mutti nur gleich, was los ist. Dann ist es nicht so schlimm. Jetzt schlaf. Es ist spät genug.«

Am nächsten Morgen hatte Susi ihren Kummer ganz vergessen. Sie ging wie jeden Tag vergnügt zur Schule. Aber als sie am Gemüseladen vorbeikam, fiel es ihr wieder ein: »Ich habe gestohlen!« Sie konnte im Unterricht gar nicht richtig aufpassen; immer mußte sie an die Kirsche denken. Als sie in der zweiten Stunde ihren Griffelkasten öffnete, fiel ihr ein Groschen in die Hände. Er war neulich vom Milchfrühstück übriggeblieben. Ihre Mutter hatte gesagt, sie dürfe sich dafür eine Lakritzstange kaufen. Jetzt kam ihr ein Gedanke. Sie würde nachher diese zehn Pfennig im Eckladen schnell auf die Theke legen und weglaufen. Mit zehn Pfennig war die Kirsche sicher bezahlt. Dann war sie kein Dieb mehr.

Susi konnte den Schluß der Schule kaum abwarten. Dann rannte sie zum Eckladen. Die Kasse war neben der Eingangstür. Sie legte den Groschen auf den Zahltisch und wollte schon davonlaufen, da hielt sie jemand am Arm fest.

»Was soll das, Kleine?«

»I . . . i . . . ich habe nur bezahlt.«

»So? Was hast du denn bezahlt? Du hast ja gar nichts gekauft.«

»Es ist . . . weil ich gestern . . . die Kirschen draußen . . . ich hab eine weggenommen. Julia sagt, ich bin ein Dieb – und ich hatte sie schon aufgegessen, aber ich will kein Dieb sein.«

»Du hast dir eine Kirsche weggenommen?

Susi brach in Tränen aus. »Ich will sie ja bezahlen . . . oder kostet sie mehr als zehn Pfennig?«

»Es ist sehr schön von dir, Kleine, daß du die Kirsche bezahlen willst. War es wirklich nur eine einzige Kirsche?«

»Hmhm, und als Julia gesagt hat, du bist ein Dieb, hab ich vor Schreck den Kern mit verschluckt. Eine Kirsche, ist das schlimm?«

»Nun hör mal gut zu, Kind!« sagte der Verkäufer. »Du hast vielleicht gedacht: Eine Kirsche, das ist nicht viel. Aber überlege einmal: An *einem* Tag kommen viele Leute vorbei, hundert oder noch mehr. Wenn sich da jeder nur eine Kirsche nimmt, bleiben mir am Ende gar keine mehr zum Verkaufen übrig. Siehst du das ein?«

Susi nickte und wischte ihre Tränen ab. Der Mann war nett.

»Wenn sie mehr kostet...«

»Das mit der Kirsche ist jetzt in Ordnung, Mädchen. Du weißt ja schon, daß man nichts einfach so nehmen darf. Deshalb wolltest du mit deinem Groschen die Kirsche bezahlen und dein Unrecht gutmachen. Ich denke, wir können jetzt gute Freunde sein. Halt mal beide Hände auf. Damit du siehst, daß ich dir verzeihe...«

Der Verkäufer griff in den Kirschenkorb und füllte Susis Hand mit Kirschen.

## Eigentlich denke ich mir gar nichts dabei

»OGottoGott«, rief Jens, der neue Klassenkamerad meines Sohnes, schon wieder.

Ich war erschrocken. »Sag mal«, wandte ich mich an den Jungen, »kennst du die Zehn Gebote nicht?«

»Die Zehn Gebote – puh, davon haben wir in der Schule mal geredet, aber wir brauchten sie zum Glück nicht auswendig zu lernen.«

»Dann hast du bestimmt das Gebot vergessen: Du sollst den Namen des Herrn, deines Gottes, nicht mißbrauchen, denn der Herr wird den nicht ungestraft lassen, der seinen Namen mißbraucht.«

»Ich weiß gar nicht, was Sie eigentlich von mir wollen«, sagte Jens erstaunt.

»Ich will es dir erklären. Du sagst ›o Gott‹. Was denkst du dir dabei?«

»Och, eigentlich denke ich mir gar nichts dabei.«

»Das ist schlimm, Jens. Soviel ich weiß, gehen deine Eltern in die Kirche, und wahrscheinlich betet ihr auch, also weißt du bestimmt auch ein bißchen was von Gott.«

»Naja, beten – früher hat meine Mutter abends mit mir gebetet. Aber jetzt, wo ich größer bin, meint sie, ich kann auch allein beten. Aber meistens vergesse ich es.«

»Und doch sagst du so oft ›oGottoGott‹ . . . Damit mißbrauchst du Gottes Namen. Schau, wenn du deine Mutter rufst, antwortet sie dir, weil sie weiß, sie ist wirklich gemeint, und du willst etwas von ihr. Was würde sie wohl sagen, wenn du rufst: Mutti, Mutti, Mutti, und wenn sie antwortet, sagst du: Och, ich hab das nur so gerufen, ich will gar nichts von dir. Sie würde bestimmt sagen: Was soll das! Ruf mich nicht, wenn du mich gar nicht meinst und nichts von mir willst. Ich bin nicht dein Hanswurst.«

»Hm... naja... ich weiß nicht... Gott, ob der so was wirklich hört?«

»Das glaube ich bestimmt, Jens. Ich will dir von einem Mann erzählen, der erfahren mußte, daß Gott manchmal hört, auch wenn er nicht gemeint ist und sein Name mißbraucht wird. Dieser Mann, Pohl hieß er, war Salinenarbeiter und fluchte viel und schrecklich, wie das bei den Salinenarbeitern üblich war.«

»Was sind Salinen?« fragte Jens.

»Das sind Anlagen zur Gewinnung von Kochsalz«, antwortete ich. »Mein Vater war Pfarrer und ermahnte die Leute nicht nur in der Predigt, sondern auch persönlich, wenn er sie traf, sich zu überlegen, was sie mit ihren Flüchen sagten. Er erinnerte sie daran, daß es schon ein Mißbrauch des göttlichen Namens ist, wenn man gedankenlos ›o Gott‹ oder ›ach Gott‹ sagt, egal, ob man an Gott glaubt oder nicht. Aber der Salinenarbeiter Pohl trieb es nur schlimmer, und schon wenn er meinen Vater von weitem kommen sah, fing er an zu fluchen, ging auf meinen Vater zu und sagte: ›Ach Gott, treffe ich Sie wieder mal? OGottoGott, was sind Sie für ein komischer Heiliger.‹

Mein Vater sagte dann wohl: ›Herr Pohl, ob Sie an Gott glauben oder nicht, in der Bibel heißt es, Gott läßt sich nicht spotten. Das heißt, er läßt keinen Spott mit sich treiben.‹

Pohl aber antwortete: ›Ich habe noch nichts von Gott gemerkt. Wenn es ihm nicht paßt, soll er sich doch wehren.‹

Mein Vater war sehr traurig über diesen Mann, konnte aber bei ihm nichts erreichen. Pohl und seine Arbeitskollegen fluchten schlimmer denn je.

Da zog eines Tages ein Gewitter herauf. Bei Gewitter war es für die Arbeiter gefährlich auf dem hohen Gradierwerk; auf dem Holzgerüst, mit Reisig, über das das salzhaltige Wasser rieselte. Sobald es anfing zu donnern, stiegen die Männer also von dem hohen Gerüst herunter. Pohl aber nahm sich an diesem Tag viel Zeit, ehe er sich zur schmalen Holztreppe begab, um hinunterzusteigen. Zwei Kollegen, die schon unten angekommen waren, riefen ihm zu, er solle sich beeilen; denn das Gewitter kam schnell näher, und die ersten Blitze zuckten schon.

Pohl aber rief ihnen lachend zu: ›Gott verdamm' mich, wenn ich vor ein bißchen Gewitter davonlaufe.‹

In diesem Augenblick fuhr ein greller Blitz aus den Wolken. Die Kollegen unten sahen Pohl taumeln und auf dem Gitter des Laufstegs oben zusammensinken.

Trotz der Gefahr stiegen zwei Kollegen hinauf. Pohl lag ausgestreckt auf den Planken und starrte die beiden mit weit aufgerissenen Augen an. Sie trugen ihn im strömenden Regen unter Blitz und Donner die schmale Abstiegsleiter hinunter und brachten ihn zum nächsten Arzt. Pohl kam ins Krankenhaus. Er war mit dem Leben davongekommen, aber er hatte die Sprache verloren. Nie wieder kam ein Wort über seine Lippen, die als letztes einen Fluch ausgesprochen hatten.«

»Oh«, sagte Jens, »ist das wirklich wahr?«

Ich nickte. »Nur selten redet Gott so unmittelbar, Jens. Damals ging eine große Erschütterung durch den ganzen Ort. Man hörte kaum noch einen Fluch. Manchmal schlugen sich die Leute auf den Mund, wenn ihnen wieder einmal das gewohnte ›Ach Gott‹ herausgeschlüpft war. Wirst du daran denken?«

Jens nickte heftig und murmelte: »Erinnern Sie mich bitte auch daran.«

## Wie Dirk zu einem Kätzchen kam

»Nanu, wo kommt denn das Kätzchen her?« wunderte sich die Mutter, als das Tierchen zur Küchentür hereinspazierte.

Dirk aber jubelte. »O Mutti, schau nur, es hat weiße Pfötchen. Darf ich es behalten?«

»Man kann ein fremdes Tier nicht einfach behalten, Kind. Es hat sich bestimmt verlaufen. Ich möchte nur wissen, wie es bis zu uns in den zweiten Stock gefunden hat.«

Dirk hockte sich zu dem Kätzchen und streichelte das weiche Fell.

»Miauu«, sagte die Katze.

»Es hat bestimmt Hunger oder Durst. Ich gebe ihm ein bißchen Milch«, sagte die Mutter und stellte ein Schälchen Milch auf den Boden. Gierig stürzte sich die Katze darauf.

»Mutti, wir können das Kätzchen doch nicht einfach auf die Straße setzen! Wir *müssen* es behalten!«

»Das Tier sieht sehr gepflegt aus. Irgendwie wird sich der Besitzer schon melden.«

Dirk nahm das Kätzchen auf den Arm und trug es in sein Zimmer hinüber. Dort sprang es herunter, kroch unters Bett, untersuchte Dirks Spielkiste und sprang schließlich auf Dirks Bett, kuschelte sich unters Kissen und wollten offensichtlich schlafen. Dirk setzte sich auf den Bettrand und kraulte das Kätzchen zwischen den Ohren, die gerade noch unter der Decke hervorsahen.

Am Nachmittag war das Kätzchen verschwunden. Dirk suchte es überall, guckte in jeden Winkel, suchte es im Schlafzimmer der Eltern, im Wohnzimmer und in der Küche. »Wo ist es nur hingelaufen, Mutti?«

»Dorthin, wo es hergekommen ist, Dirk«, antwortete die Mutter, die froh war, diese Sorge los zu sein.

Am nächsten Morgen hörte Dirk ein Maunzen vor dem Fenster. Er sprang aus dem Bett. Draußen auf dem Fensterbrett saß das schwarze Kätzchen mit den weißen Pfötchen. Dirk überlegte nicht lange, wie es dorthin gekommen war; er öffnete das Fenster und lief jubelnd in die Küche, wo seine Mutter gerade das Frühstück machte.

»Mutti, Mutti, mein Kätzchen ist wieder da!«

»Dein Kätzchen, Dirk?«

»Ja, Mutti, es saß auf der Fensterbank. Ich hab's hereingelassen. Schau, es kennt mich schon, es läuft immer um meine Beine herum. Wir müssen ihm Milch geben und was zu fressen. Es hat bestimmt Hunger.«

»Naja, hungern lasse ich das Tierchen natürlich nicht. Aber ich habe keine Ahnung, was Katzen mögen. Nachher bringe ich aus dem Supermarkt eine Dose Katzenfutter mit.«

»Behalten wir es, Mutti? Ach bitte, bitte.«

»Nein, Dirk, wenn sich niemand meldet, bringen wir es ins Tierheim. Ich weiß mit Katzen nicht Bescheid und möchte mich auch nicht damit befassen. Es muß, glaube ich, Auslauf haben und irgendwo auch sein Geschäft machen können. Und merke dir, ins Bett nimmst du es nicht mit. Dort hatte es sich gestern ja schon niedergelassen. Das erlaube ich auf keinen Fall. Ich mache ihm ein Lager mit einer alten Decke zurecht. In der Ecke beim Kleiderschrank in deinem Zimmer kann es vorläufig bleiben.«

Das Kätzchen, vom Bett verjagt, kuschelte sich wirklich auf der bereitgelegten Decke zurecht und schien ganz zufrieden zu sein. Am Nachmittag hatte es ausgeschlafen, reckte und streckte sich, maunzte vernehmlich, und als ihm die Mutter ein Tellerchen mit Katzenfutter hinstellte, fraß es begierig und schleckte ein ganzes Schälchen Milch leer.

Dann beobachtete Dirk staunend, wie das Kätzchen in seinem Zimmer aufs Fensterbrett sprang, von dort auf die

Balkonbrüstung vor dem Wohnzimmer und dann auf einen Zweig des Kastanienbaums, der vor dem Haus stand. Dort kletterte die kleine Katze nach unten, sprang auf die Erde und verschwand zwischen den Büschen des Vorgartens. Dirk rannte auf die Straße, rief und lockte, aber die Katze blieb verschwunden.

So traurig Dirk auch war, seine Mutter war froh und hoffte, die Katze würde nicht wiederkommen. Aber sie hatte sich geirrt.

Am nächsten Morgen saß Miezi, wie Dirk das Kätzchen nannte, wieder vor Dirks Fenster. Und nun wiederholte sich das Spiel vom Tag vorher. Am Nachmittag machte sich die Katze über den Balkon und den Kastanienbaum davon, erschien am nächsten Morgen, holte sich in der Küche Futter und Milch, schlief in ihrem Eckchen und verschwand am Nachmittag wieder.

Das ging so eine Woche lang. Da erklärte Dirks Mutter, so könne das nicht weitergehen. Miezi müsse wohl oder übel ins Tierheim.

Am Nachmittag waren sie bei Tante Anna zum Geburtstag eingeladen; danach sollte Miezi weggebracht werden, obwohl Dirk bei dem Gedanken daran zu weinen anfing.

Nun benahm sich Miezi aber gerade an diesem Tag sehr merkwürdig. Sie kroch bald unters Bett, suchte Zuflucht in Dirks Spielkiste, scharrte unentwegt auf ihrer Decke im Eckchen herum und kam auch unter Dirks zärtlichem Streicheln nicht zur Ruhe. Dirk meinte, Miezi wisse, daß sie fortgebracht werden sollte. Widerstrebend ging er am Nachmittag mit zur Geburtstagsfeier. Gegen Abend kam auch der Vater, und es wurde spät, ehe man nach Hause ging. Da sahen sie im Schein der Straßenlaterne eine Frau, die einen Zettel an den Kastanienbaum heftete.

»Was tun Sie denn da?« fragte der Vater.

Die Frau wandte sich um. »Ach, meine Katze ist abhanden gekommen. Wir waren verreist. Eine Bekannte hatte sich um sie gekümmert, aber sie ist ihr gleich am nächsten Tag fortgelaufen. Hoffentlich...«

»Ist es etwa eine schwarze Katze mit weißen Pfötchen?« fragte die Mutter.

»Ja, haben Sie etwa...«

»Ja, wir haben...«

»Mutti, es ist doch nicht...«

Kein Satz wurde zu Ende gesprochen.

»Ja, natürlich, Dirk, es ist Miezi.«

Eine Überraschung folgte der andern. Die Eltern baten Frau Meurer – so hieß die Frau, die den Zettel an den Baum geheftet hatte –, mit hinauf in die Wohnung.

Dirk sagte: »Jetzt ist Miezi aber nicht zu Hause. Nachmittags läuft sie immer weg.« Obwohl er meinte, am besten über Miezi berichten zu können, wurde er ins Bett geschickt.

Als er in sein Zimmer kam, hörte er seltsame Laute. Die Tür zum Kleiderschrank war halb offen, von dort kamen die merkwürdigen Töne. Und dann sah er es. Auf seinen Pullovern hatte sich Miezi niedergelassen, und um sie herum krabbelten vier winzige schwarzweiße Knäuel mit weißen Pfötchen. Er rannte, schon halb ausgezogen, ins Wohnzimmer. »Vati, Mutti, kommt schnell, ganz schnell, Miezi hat Kinder bekommen, ganz kleine Kätzchen, oh, so süß.«

Noch am gleichen Abend holte Frau Meurer ihre Katze mitsamt den kleinen Kätzchen in einem Korb ab. Sie versprach Dirk, er sollte eins der jungen Kätzchen bekommen, wenn es alt genug war, daß man es von der Katzenmutter trennen konnte. Bis dahin wollte Dirks Mutter lernen, wie man mit Katzen umgeht.

# Das verschwundene Geld

Sie saßen um den Tisch herum, Torsten und seine Geschwister und Freunde aus dem Kindergarten, und feierten Torstens sechsten Geburtstag. Es gab Streuselkuchen und eine Biskuitrolle, einen Nußkuchen und eine Erdbeertorte und Schlagsahne, viel Schlagsahne.

»Als ich meinen sechsten Geburtstag hatte«, erzählte die Mutter, während sie alle schweigend mit ihrem Kuchen beschäftigt waren, »da war gerade der Krieg vorbei. Kuchen gab's nicht, wir waren froh, wenn es auf die Lebensmittelkarten einmal Marmelade gab oder Rübenkraut, wie man im Rheinland den dicken Zuckerrübensirup nennt.

Gerade an meinem Geburtstag gab es an der Ecke beim Kaufmann Sömisch auf einen Abschnitt der Lebensmittelkarte dieses Rübenkraut. Meine Mutter schickte mich mit einem Tontöpfchen hin und drückte mir eine Mark in die Hand. Eine Mark war damals viel Geld, und meine Mutter meinte, ich würde das Töpfchen bestimmt ganz voll bekommen, da wir so viele Karten hatten.

Ich lief also los und freute mich schon darauf, daß es zu meinem Geburtstag etwas so Gutes wie Rübenkraut aufs Brot geben würde. Ja, ich dachte in einem Winkel meines Herzens sogar: Da ich Geburtstag habe, kann ich bestimmt mal den Finger in das Rübenkraut stippen und ihn ablekken.

Es warteten schon viele Leute. Ich mußte mich an einer langen Schlange anstellen, aber bald war ich nicht mehr die Letzte. Immer mehr Kunden kamen nach. Langsam rückte die Schlange vorwärts, der Ladentür näher, und dann stand ich endlich an der Theke. Frau Sömisch schnitt die Marken von den Lebensmittelkarten ab und sagte zu ihrem Mann, der an der Waage stand, daß ich für eine Mark von dem Sirup bekäme. Herr Sömisch stellte mein Töpfchen auf die Waage und ließ den dunkelbraunen Saft von seinem großen Holzlöffel hineinlaufen, voll bis an den Rand.

Ich griff in meine Tasche und wollte bezahlen. Aber das Geld war weg: Meine Jacke hatte zwei Taschen, die krempelte ich um und um, aber sie waren leer.

Ich fing an zu stottern: ›Ich hab' eine Mark, genau eine Mark.‹

›Nun mach schon voran‹, drängte Herr Sömisch, ›du siehst ja, wie viele noch warten.‹

›Hab ich vielleicht mit den Marken...‹, wandte ich mich an Frau Sömisch, aber sie ließ mich gar nicht ausreden. ›Du hast mir nur die Marken gegeben, aber kein Geld.‹

Herr Sömisch hatte mein Töpfchen zur Seite gestellt, die nächste Kundin schob mich von der Theke und sagte: ›Jaja, man soll kleine Kinder nicht zum Einkaufen schicken.‹ Als kleines Kind fühlte ich mich allerdings nicht. Einige Leute rieten mir, ich solle mal auf der Straße suchen. Vielleicht hätte ich das Geld unterwegs verloren.

Ich ging hinaus und langsam den Weg zurück nach Hause, schaute hierhin und dorthin, nach rechts und links. Aber nirgends lag das Geldstück. Ach, nun mußte ich zu Hause sagen, daß ich das Geld verloren hatte. Eine Mark, und das ausgerechnet an meinem Geburtstag! Ich weinte.

Meine Mutter war ärgerlich und sagte: ›Ich muß mit jedem Pfennig rechnen, und du verlierst gleich eine ganze Mark, das sind hundert Pfennige! Nun muß ich noch einmal eine Mark opfern. Das Rübenkraut können wir uns nicht entgehen lassen. Ich glaube, ich schicke lieber Klaus, am Ende verlierst du das Geld noch einmal.‹

Ich hockte mich beschämt in die Ecke zwischen Anrichte und Besenschrank und dachte an das volle Siruptöpfchen. Ob Klaus wohl den Finger hineinstippen und ablecken würde? Klaus kam bald zurück und erzählte, daß die Leute geschimpft hätten, weil er sich vorgedrängt hatte, da er ja nur noch zu bezahlen brauchte, aber das wollten die Leute nicht gelten lassen.

Das Schlimmste aber kam jetzt erst für mich. Meine Mutter sagte: ›Wenn du auch Geburtstag hast, du mußt dein Brot trocken essen. Strafe muß sein für deine Bummelei mit dem Geld.‹«

»Das war aber sehr streng von deiner Mutter«, sagte einer aus der Tischrunde.

Die Mutter aber fuhr fort: »Die Geschichte ist noch nicht zu Ende. Wir waren so viele Esser, Oma und Opa, vier Kinder, mein Vater und ich, da war das Töpfchen nach zwei Tagen leer. Meine Mutter kratzte den Rest zusammen. Ich stand dabei und hoffte, wenigstens von dem Rest etwas zu bekommen. Da sagte meine Mutter: ›Was ist denn *das*? Und dann fing sie an zu lachen, sie bog sich förmlich vor Lachen, dann kratzte sie wieder auf dem Boden des Töpfchens und brachte etwas Rundes, Klebriges zum Vorschein, und siehe da, es war das Markstück, das ich verloren geglaubt hatte.

Meine Mutter schloß mich in die Arme, bat mich um Verzeihung und sagte wieder lachend: ›Du konntest die Mark beim besten Willen nicht finden. Sie lag unten im Töpfchen, und Herr Sömisch hat es nicht gemerkt. Er hat den Rübensaft drüberlaufen lassen. Ich verspreche dir: Wenn es das nächste Mal Rübenkraut gibt, bekommst du zwei Löffel extra.‹

Und dieses Versprechen hat meine Mutter auch gehalten.«

# Der Fensterladen

Was der achtjährige Bruder Johannes wollte, wollte die fünfjährige Alexandra auch. Was dem Bruder gefiel, gefiel ihr ebenso. Jedenfalls ließ sie sich nie anmerken, daß sie etwas lieber anders gehabt hätte.

So war es auch mit den Fensterläden. Johannes fand es schön, wenn er abends im Bett vor dem Einschlafen noch beobachten konnte, wie die Zweige des Kastanienbaums vor dem Haus im Wind hin- und herwippten. Im Licht der Straßenlaterne kam es ihm vor wie ein lustiges Spiel. Wenn die Blütenkerzen aufgebrochen waren, sah es ganz fantastisch aus, und im Herbst warf der Wind oft die losen Blätter gegen die Fensterscheiben. Am schönsten aber war es, wenn beim Aufwachen Zweige mit Schnee bedeckt waren. Dann sprang Johannes mit einem Jubelschrei aus dem Bett und rief: »Alexandra, schau nur, wie schön unser Baum aussieht! Und die Straßenlaterne hat eine Haube auf!«

Er hatte auch keine Angst vor Blitz und Donner. Alexandra kroch dann erschrocken ins Bett ihres Bruders und hätte es viel lieber dunkel gehabt, aber Johannes sagte: »Blitz und Donner und Sturm und alles so was macht Gott, darum braucht man davor keine Angst zu haben.«

Das hatten ihnen die Eltern von klein auf beigebracht, aber Alexandra fürchtete sich doch immer ein bißchen.

Einmal, als die Eltern abends ausgegangen waren, tobte draußen ein Sturm, und Johannes, der für alles Wilde war, saß aufrecht im Bett.

»Schau nur, Alexandra, wie der Wind den Baum zaust. Das macht ihm sicher Spaß. Aber er kann ihm nichts antun. Erst im Herbst, wenn die Blätter welk werden, kann er sie durch die Straßen fegen.«

Das Mädchen aber sagte: »Ich hab ein bißchen Angst.

Vati und Mutti sind nicht da, aber es läuft jemand in der Wohnung herum.«

Johannes lauschte. »Hm ... ja, es klingt so, als wäre jemand in der Wohnung. Aber Vati hat bestimmt gut abgeschlossen. Wie soll da jemand reinkommen?«

»Aber ich höre es ganz deutlich, es ist nicht der Sturm mit den Zweigen an der Fensterscheibe.«

»Kleiner Angsthase. Wie soll jemand in die Wohnung kommen?«

»Hörst du es nicht? Da läuft jemand.«

Tapp – tapp – tapp –

Johannes hörte es nun auch deutlich. »Wenn du Angst hast, komm in mein Bett«, schlug er der Schwester vor.

»Hu, nein, ich traue mich nicht. Ich stecke den Kopf unter die Decke, damit ich es nicht höre. Was machen wir, wenn der hier hereinkommt?«

»Wenn *wer* hier hereinkommt?«

»Nun der, der da herumläuft. Hu, Johannes, ich habe schreckliche Angst.«

Um alles in der Welt hätte sich Johannes nicht anmerken lassen, daß es ihm jetzt auch ein bißchen mulmig wurde, denn er hörte das Tapsen auch ganz deutlich. Das war etwas anderes als Blitz und Donner. Dieses Tapsen kam von irgendeinem Menschen, und bestimmt war es ein böser Mensch, wenn er im Dunkeln in einer fremden Wohnung herumlief.

Tapp – tapp – tapp –

Johannes dachte daran, was manchmal in der Zeitung stand. Sein Vater warnte sie immer, niemals mit einem Fremden mitzugehen. Es gab Kinder, die verschleppt wurden, und man mußte viel Geld bezahlen, um sie wiederzubekommen. Wie, wenn jetzt jemand seine kleine Schwester verschleppen wollte?

Nein, er durfte Alexandra nicht im Stich lassen. Johannes sprang aus dem Bett, huschte zu Alexandra hinüber, kroch unter ihre Bettdecke und umklammerte sie mit beiden Armen. Er würde sie auf keinen Fall loslassen. Wenn jemand kam und sie wegschleppen wollte, würde er sich mitnehmen lassen.

»Sei ganz ruhig, ich bleibe bei dir und beschütze dich«, flüsterte er dicht an ihrem Ohr.

So lagen sie, dicht aneinandergedrängt, und lauschten.

Tapp – tapp – tapp –

Stimmen...

»Vati und Mutti sind gekommen!«

Sofort riefen beide Kinder laut nach den Eltern.

»Nanu«, fragte die Mutter und knipste das Licht an, »ihr schlaft noch nicht? Es ist schon spät. Und warum liegst du in Alexandras Bett?«

»Da war jemand. Wir haben es ganz deutlich gehört, jemand ist in der Wohnung herumgetapst.«

»Das kann nicht sein«, sagte der Vater, »die Tür war gut verschlossen, und alles ist in Ordnung.«

»Aber wir haben es ganz deutlich tapsen gehört. Seid mal still.«

Nun lauschten sie alle. »Ja«, sagte die Mutter, »es klingt so, als liefe jemand hin und her. Was kann das nur sein?«

Der Vater fand es bald heraus. Er öffnete das Fenster. »Es ist der Fensterladen. Der Riegel ist nicht fest eingehakt.«

Er lehnte sich zum Fenster hinaus, die Kinder hörten den Riegel einrasten, und als sie nun lauschten, war es wirklich still.

»Na, da kann ich ja wieder in mein Bett gehen«, seufzte Johannes erleichtert. Er mochte nicht zugeben, daß er sich auch gefürchtet hatte.

## Mani ist fort

Tobias stand noch eine Weile mitten auf der Straße, als der Möbelwagen und der rote Opel schon längst um die Ecke verschwunden waren. »Mani ist fort«, murmelte er.

Langsam ging er aufs Haus zu, setzte sich auf die Stufen der vorderen Treppe und konnte nur immer das eine denken: Mani ist fort. Mani kommt nie wieder.

Nein, er würde niemals wiederkommen, sein Freund Manfred Förster. Warum mußte Herr Förster nur in ein fremdes Land ziehen, von wo Mani ihn nicht besuchen konnte? Was half es den beiden Jungen, daß es für Herrn Förster eine große Auszeichnung war, auf einen so hohen Posten im Ausland berufen zu werden?

Tobias stand seufzend auf, ging ums Haus herum und traf die Eltern auf der Terrasse beim Kaffeetrinken.

»Willst du dich nicht zu uns setzen, Tobias?« fragte die Mutter. »Schau, es ist noch ein Stück Marmorkuchen von gestern da.«

Tobias schüttelte den Kopf. Marmorkuchen, den sie so gern aßen, Mani und er. Die Mutter hatte ihn zum Abschiedskaffee mit Försters gebacken. Gestern um diese Zeit hatten sie noch hier zusammen gesessen. Försters und die Eltern hatten eifrig erzählt, aber er und Mani hatten sich bald davongemacht, waren auf ihre Sitze im Birnbaum gestiegen, wo sie immer ungestört gesessen und ihre Pläne geschmiedet hatten. Nun gab es keine Pläne mehr zu schmieden.

»Morgen um diese Zeit...« hatte Mani gesagt, und Tobias hatte stumm genickt.

Jetzt war dieses »Morgen«. Und Mani war fort.

Sie hatten beide zur gleichen Zeit Laufen gelernt, damals vor zehn Jahren. Die ersten Schritte aus dem Haus über die Straße hatte Tobias zu Mani nach nebenan gemacht, und Mani war zu Tobias gekommen, als er gerade laufen konnte.

Sie hatten zusammen im Sandkasten gespielt.

Sie hatten zusammen am Kletterhäuschen geturnt.

Sie waren zusammen in den Kindergarten gegangen.

Sie hatten in der Schule nebeneinander gesessen.

Sie hatten gemeinsam die Beeren von den Sträuchern im Garten genascht.

Sie waren hoch oben in den Kirschbaum geklettert und hatten die süßesten Kirschen gepflückt.

Kein Tag, an dem sie nicht zusammen gewesen wären.

Sie hatten sich auch gestritten, o ja, und wie sie sich gezankt hatten. Manchmal wäre es beinahe zu einer Prügelei gekommen. Aber wenn sie sich morgens gezankt hatten, waren sie sich am Nachmittag wieder einig, und wenn sie sich mittags gestritten hatten, hatten sie sich am Abend wieder vertragen.

Tobias hatte schweigend bei den Eltern gesessen und stumm auf den Marmorkuchen gestarrt. Jetzt stand die Mutter auf, um den Tisch abzuräumen. Wortlos strich sie Tobias über die Schulter. Er stand auf und blieb einen Augenblick vor dem Birnbaum stehen, brachte es aber nicht fertig, auf seinen Stammsitz zu klettern, da der andere Sitz ja leer bleiben würde. Langsam lief er wieder vors Haus und setzte sich auf die Stufen, die Ellenbogen auf die Knie gestützt, den Kopf in beiden Händen vergraben.

So saß er und merkte erst nach einer Weile leises Weinen.

Du weinst, Mani, dachte er, ich möchte auch weinen ...

Aber nein, das konnte nicht Mani sein. Er war ja fort – wer weiß, wie weit fort inzwischen.

Aber da weinte jemand, weinte so kläglich. Tobias kamen die Tränen. Heiß fühlte er sie in den Augen brennen.

Wer weinte da bloß? So kläglich, so hilflos? Wo kam es nur her, das Weinen?

Es kam, jetzt wußte es Tobias plötzlich, hinter dem großen Rhododendronbusch her, von dort, wo sich Mani manchmal versteckt hatte; sein Kichern hatte Tobias das Versteck immer wieder verraten. Nein, geweint hatte Mani dort bestimmt niemals. Er konnte unmöglich hinter dem Busch sitzen und weinen.

Tobias erhob sich, lauschte, ja, genau dort hinter dem Strauch weinte jemand.

Tobias sah nach.

Richtig! Dort, wo Mani manchmal gekauert hatte, lag etwas Dunkles, Schwarzes, und dieses Dunkle weinte, es klang beinahe wie das Weinen eines sehr kleinen Kindes.

Schon hatte Tobias seine Hand ausgestreckt und zog das Schwarze hervor.

Ein wuscheliges Hündchen, die Pfötchen zusammengebunden, hielt er erschrocken in den Händen.

»O du armes Tierchen, wer hat dich weggeworfen und dir die Beinchen zusammengebunden, damit du nicht fortlaufen kannst?«

Den kleinen Hund im Arm, rannte Tobias zur Terrasse hinter dem Haus.

»Vati, Mutti, schnell, eine Schere, seht nur, das arme Tierchen hat hinter dem Busch vorn am Eingang gelegen!«

»Man sollte es doch nicht für möglich halten!« rief die Mutter aus, und der Vater hatte bereits sein Taschenmesser gezückt und schnitt die Fesseln des Tierchens durch.

Tobias drückte es an sich.

»Das Arme! Wie lieb es aussieht . . . und noch so klein. Wie kann man nur . . .«

»Ja, Tobias, wie kann man nur so herzlos, so grausam sein und so ein hilfloses Geschöpf aussetzen.«

»Darf ich es behalten? O bitte . . .!«

Der Vater und die Mutter tauschten einen kurzen Blick. »Du darfst es behalten. Du hast es gefunden, es wird dir immer dankbar sein. Es ist beinahe so, als wäre es dir als Trost geschickt worden.«

Die Mutter fuhr fort: »Am besten bringst du ihm zuerst einmal Milch. Es ist ja dein Hund. Du wirst ihn füttern, ausführen und pflegen. Wir machen ihm in einem Karton ein Lager zurecht. Aber bald soll es ein Körbchen bekommen. Nachts kann das Körbchen neben deinem Bett stehen. Und natürlich mußt du ihm einen Namen geben.«

»Ich hab' schon einen Namen«, sagte Tobias und drückte das Tierchen fest an sich. Es zuckte um seinen Mund. »Mani«, sagte er.

## Lade Eva doch mal ein

»Nun, wie war der erste Tag im Gymnasium?« fragte die Mutter, als Christiane nach Hause kam.

»Wir haben noch gar nicht alle Lehrer kennengelernt. Leider durfte ich mich nicht neben Birgit setzen, sondern neben ein blödes Mädchen.«

»Blöd, wieso? Kann man das schon nach ein paar Stunden feststellen?«

»Kann man, Mutti. Erstens guckt sie einen gar nicht an, und zweitens ist sie so komisch angezogen. Beinahe lächerlich.«

»Vielleicht weiß sie selber, daß sie nicht gut angezogen ist, und geniert sich. Du solltest erst recht freundlich zu ihr sein.«

»Pah, freundlich, wie soll ich das anfangen? In der Pause hat sie abseits an der Mauer gestanden und mit niemandem geredet.«

»Ich fürchte, das lag an euch, keiner von euch hat mit ihr gesprochen. Da du neben ihr sitzt, solltest du versuchen, Kontakt mit ihr zu bekommen.«

»Wenn ich mich mit der ollen Tundel abgebe, lachen mich die andern nur aus.«

»Olle Tundel, Christiane, das möchte ich nicht noch einmal hören.«

Nach ein paar Tagen fragte die Mutter, wie es denn mit Christianes Banknachbarin gehe.

»Och... keiner mag sie, und ich auch nicht.«

»Was hat sie euch denn getan?«

»*Getan* hat sie uns nichts. Aber es ist so. Sie ist furchtbar eingebildet, und das trotz ihrer altmodischen Sachen. Alles weiß sie besser, dauernd meldet sie sich; rechnen kann sie sogar besser als ich, wo ich doch eine Eins habe. Und dann in der Deutschstunde. Frau Bertram hatte etwas an die Tafel geschrieben, da meldet sich doch die olle Tundel – also, ich meine diese Eva, und sagt, da wäre ein Fehler drin. Ist das nicht Angabe, so etwas zu einer Lehrerin zu sagen?«

»Was meinte die Lehrerin denn dazu?«

»Och, sie hat nur ein bißchen gelacht und gesagt, sie wollte uns nur mal auf die Probe stellen und sehen, wer gut aufpaßt.«

»Mir scheint, Eva ist ein sehr begabtes Mädchen, und ihr seid alle nur neidisch auf sie.«

»Neidisch, Mutti, auf die altmodische Tun... nee. Sie will mit keinem von uns etwas zu tun haben.«

»Da du neben ihr sitzt, könntest du mal freundlich mit ihr reden. Es liegt wahrscheinlich an euch, daß sie so zurückhaltend ist.«

»Ich weiß nicht, Mutti, ich glaube, sie mag mich auch nicht.«

»Weißt du das so genau, Kind? Vielleicht will sie sich dir nur nicht aufdrängen. Lade sie doch mal ein, dann wirst du ja sehen, wie sie darauf reagiert.«

»Ich kann mich nicht vor der Klasse lächerlich machen. Wenn keiner sie mag, kann man eben nichts dagegen tun.«

»O doch, man kann etwas dagegen tun, etwas sehr Wirksames sogar. Man kann Jesus darum bitten, daß er uns ein bißchen Einsicht und Verständnis für das Mädchen schenkt.«

Dieses Gespräch mit ihrer Mutter konnte Christiane nicht vergessen.

Es war wirklich nicht leicht, mit Eva zu reden. Christiane versuchte es in der kleinen Pause. Da fiel es den andern am wenigsten auf.

»Wo bist du eigentlich zur Schule gegangen, bevor du hierher kamst?« begann sie.

Eva, die in ihrem Lesebuch blätterte, sah erstaunt auf. »In Mittlaer«, sagte sie knapp.

»Wohnst du nicht im Eckhaus an der Mühlstraße?«

»Wir sind umgezogen.« Eva schaute bei dieser kurzen Antwort nicht einmal von ihrem Buch auf.

»Merkst du nicht, daß sie gar nichts von dir wissen will, Christiane?« sagte Birgit hinter ihr.

»Laß doch die olle Tundel links liegen. Wer nicht will, der hat schon.«

Christiane gab sich geschlagen.

Aber wieder einmal fragte ihre Mutter, ob Christiane Eva nicht mal einladen wolle, vielleicht sonntags zum Kaffeetrinken, oder auch irgendwann mal in der Woche zum Bocciaspielen im Garten.

Christiane seufzte. »Ich möchte ihr wirklich helfen, aber man kann einfach nicht nett zu ihr sein. Sie läßt einen einfach abblitzen. Birgit und überhaupt alle, die gemerkt haben, daß ich anfangen wollte, mit ihr zu reden, sticheln schon und lachen mich aus. Was meinst du, wie sie über mich herziehen würden, wenn ich sie zu uns einlade! Irgendwie kommt es doch heraus, und dann habe ich die ganze Klasse gegen mich.«

»Ja, ich weiß, wenn man tut, was man im Grunde für richtig hält und was Jesus gefällt, hat man bald alle gegen sich. Aber das legt sich auch wieder. Dafür sorgt Jesus nämlich dann schon.«

Drei Tage schleppte Christiane den Rat ihrer Mutter mit sich herum. Dann kam sie zu einem Entschluß. Wenn Jutta und Birgit, die ein Stück den gleichen Heimweg hatten, in die Eichstättstraße eingebogen waren, wollte sie zu Eva auf die andere Straßenseite hinüberlaufen und sie einladen. Dabei hoffte sie, Eva würde gar nicht darauf eingehen, aber dann hatte sie wenigstens ihren guten Willen gezeigt.

Gleich am nächsten Tag setzte sie den Vorsatz in die Tat um. Sie erwischte Eva gerade an der Tür des großen Eckhauses, wo sie wohnte.

»Eva ... ich wollte ... ich dachte ... Willst du nicht mal zu uns kommen? Wir haben einen Garten ... willst du mit uns Kaffeetrinken?«

Eva brachte keinen Ton über die Lippen vor Erstaunen.

»Wir wohnen Lindenstraße 14 ...«

»Wenn du meinst ...«

»Magst du?«

Eva nickte heftig. »Hmhm ... wenn ich die Schularbeiten gemacht habe.«

Wie froh Eva aussah!

»Also bestimmt. Tschüß!«

Am Abend dieses Tages fragte sich Christiane, wie es möglich war, daß Eva so nett sein konnte. Der Nachmittag hatte so viel Spaß gemacht. Eva war weder eingebildet noch herrisch. Auf die Fragen von Christianes Mutter hatte sie höflich geantwortet, ihre Eltern seien gestorben, und sie lebte bei ihrer Großmutter. Es sah so aus, als wäre sie eine gute Freundin.

Nur eine Klippe war noch zu überwinden: die andern Schulfreundinnen.

Am nächsten Morgen stand Eva an der Haustür, sie hatte auf Christiane gewartet, und nun gingen sie zusammen weiter.

Christiane fühlte sich etwas beklommen, als sie daran dachte, daß gleich Jutta und Birgit um die Ecke biegen würden. Sie gab sich einen Ruck. »Du, Eva, wenn du magst ...«

»Wenn ich *was* mag?«

»Ich meine, wir könnten Freundinnen sein, oder nicht? Nur – du weißt ja, wie die andern in der Klasse sind. Ich muß es denen erst mal beibringen.«

»Wenn es dir unangenehm ist ...«

Christiane erschrak. War Eva nun beleidigt?

»Nein, nein, nur – versteh mich doch. Ich will sie erst

mal ein bißchen vorbereiten. Sie wissen ja gar nicht, wie nett du bist. Ich dachte, wenn du jetzt erst mal wie sonst drüben auf die andere Straßenseite gingst...«

»Ach so, du genierst dich, mit mir zu gehen?« Ohne ein weiteres Wort zu sagen, rannte Eva über die Straße. Christiane konnte sie nicht mehr zurückhalten.

Da geschah auch schon das Unglück. Eva rannte, ohne nach links und rechts zu sehen, genau in ein Auto hinein. Bremsen kreischten, Christiane sah Eva am Boden liegen. Sie regte sich nicht.

Wie erstarrt blieb Christiane an der Kante des Bürgersteigs stehen. Ich bin schuld daran, dachte sie. Ihre Knie zitterten.

Was dann geschah, zog wie ein Film an ihr vorüber. Es kam ihr vor wie ein böser Traum.

Jutta und Birgit, die über die Straße rannten, Signale und Unfallauto, wo kamen sie nur so schnell her? Und die Menschen, die zusammenliefen, Rufen, Fragen? Eva wurde leblos durch eine Gasse von Menschen getragen.

Es war kein Traum, es war furchtbare Wirklichkeit!

Viel zu spät kamen sie in die Klasse an.

»Eva Härtel ist verunglückt!«

Christiane hörte abwechselnd Birgit und Jutta berichten.

»Ich habe gesehen, wie sie über die Straße rannte.«

»Sie ist direkt in das Auto hineingelaufen.«

»Ja, ein Mann sagte, sie sei selber schuld.«

»Und eine Frau, die es auch gesehen hat, sagte, das Mädchen hätte nicht aufgepaßt, der Autofahrer kann nichts dafür.«

Jutta sagte: »Christiane muß es auch gesehen haben, sie stand ja ganz nah dabei.«

Christiane aber saß auf ihrem Platz, stumm und bleich.

Während des Unterrichts war Christiane völlig verstört. Aber als sie am Mittag nach Hause kam, brach es wie ein Sturzbach aus ihr heraus. Sie warf sich ihrer Mutter in die Arme und schluchzte: »Eva ist verunglückt, in ein Auto gerannt – und ich bin schuld!«

Und dann erzählte sie, wie alles gekommen war.

»So also war das«, sagte die Mutter. »Ja, das ist schrecklich. Wir können nur hoffen, daß Eva wieder gesund wird.«

»Was kann man nur machen, daß es wieder gut wird, Mutti?«

»Du kannst das, was passiert ist, nicht ungeschehen machen. Du kannst nur beten: Vergib mir meine Schuld – und laß Eva wieder gesund werden. Eva können wir nur in Gottes Hände legen.«

In den folgenden Wochen verbrachte Christiane viele Stunden an Evas Krankenbett. Sie war tief beschämt, daß Eva nie von der Ursache des Unfalls sprach.

In dieser Zeit erfuhr Christiane auch, warum Eva so altmodische Sachen trug, und erzählte es in der Klasse. »Ihre Großmutter bekommt nur eine kleine Rente. Alles, was Eva zum Anziehen braucht, näht sie aus den Kleidern von Evas Mutter, die schon gestorben ist. Und das ist eben nicht modern. Aber die Hauptsache ist ja, man hat keine Flecken und Löcher im Kleid, sagt meine Mutter.«

»Na, das gibt nun wohl eine dicke Freundschaft zwischen dir und Eva«, meinte Birgit spöttisch.

Christiane antwortete nicht. Wie hätte sie jemand erklären können, was sie selber nur dunkel fühlte: Diese Freundschaft war durch die Vergebung entstanden.

Christiane wußte, Gott hatte ihr vergeben, und Eva auch.

# Zufall. Zufall?

An einem Feiertag mitten in der Woche machten sie sich wieder einmal auf den Weg zur Ruine, die vier Jungen aus der Rethelstraße; Andreas und Philipp, kurz Flip genannt, Bernhard und Gerd. Sie vertrugen sich gut, obwohl Andreas und Flip regelmäßig zur Jungscharstunde und zur Kirche gingen, wovon die beiden andern nichts wissen wollten. Auch den Einladungen zu den Freizeiten waren sie bisher nie gefolgt.

Bernhard faßte das gegenüber Gerd so zusammen: »Wenn die beiden auch zu den Heiligen laufen, ich kann sie nun mal gut leiden, und man kriegt immer viel Spaß mit ihnen, das ist die Hauptsache. Es ist ja nicht so, als ob sie immer nur vom Himmel und irgendwelchen Engeln reden würden.«

Heute auf dem Weg zur Ruine erörterten sie das letzte Fußballspiel, das sie im Fernsehen aufmerksam verfolgt hatten. Dann zogen sie über den neuen Lehrer her, der so unverschämt viel Hausaufgaben diktierte. Schließlich wurde der neue Rekord im örtlichen Schwimmverein durchgehechelt. Es gab über eine Menge Dinge zu reden.

Am Ziel angekommen, wurde erst einmal tüchtig gegessen, denn sie hatten sich reichlich Proviant eingepackt, weil sie bis zum späten Nachmittag, ja vielleicht bis zum Abend bleiben wollten. Damit sich die Stunde Anmarschweg auch lohnte.

Dann begannen sie ihre üblichen Spiele. Es waren immer dieselben: Räuber und Gendarm, Schmuggler und Polizei oder auch einfach Verstecken mit Anschlag.

Heute gaben sie das Herumtoben bald auf. Es war drückend heiß. Die Schwüle legte sich lähmend auf die vier Jungen. Hinter dem Wald sahen sie riesige Haufenwolken hochsteigen und stellten fest, daß es bald zu einem Gewitter kommen würde. Aber auf den Heimweg mochten sie sich nicht machen.

»Wir setzen uns in die Ruine«, schlug Bernhard vor, »da sitzen wir trocken und können in Ruhe das Gewitter abwarten.«

Die »Ruine« war ein zertrümmerter Bunker an einer stillgelegten Bahnlinie. Ein schmaler Gang lag frei. Dahinter hatten die Jungen einen viereckigen Raum entdeckt, der sich nicht nur als Versteck eignete, sondern auch mit vier bequemen Sitzplätzen aus zusammengestürzten Quadern ausgestattet war. Dort waren sie vor Regen oder vor Sonnenhitze geschützt.

Bald verdunkelten die Wolken die Sonne, die ersten Blitze zuckten, und der rasch folgende Donner zeigte an, wie nahe das Gewitter über ihnen stand. Da fielen auch schon die ersten dicken Regentropfen. Rasch krochen sie durch den Gang in ihre Höhle. Sie wurde nur durch das Licht aus dem Gang spärlich erleuchtet.

Jetzt aber – sie saßen gerade jeder an seinem angestammten Platz – wurde der kleine Raum von einem niederfahrenden Blitz fast taghell erleuchtet, der Donner krachte unmittelbar hinterher, mit einem unvorstellbaren Getöse. Für einen Augenblick bebte und wackelte der ganze Bunker und warf die vier Jungen gegeneinander.

Einen Augenblick herrschte tödliche Stille. Lag es an dem Wechsel vom grellen Blitz zur Dunkelheit, daß ihnen der Raum jetzt stockdunkel vorkam?

Andreas sprach als erster. »Menschenskinder – was war das?«

Bernhard: »Der Blitz muß eingeschlagen haben.«

»Bin ich blind, oder was ist los? Könnt ihr was sehen?« fragte Flip.

Dann wieder Andreas: »Seid ihr alle da? Gerd ... bist du ...?«

Der Angeredete stöhnte: »Mir ist was auf den Kopf gefallen. Ich hab' 'ne Beule – au – sie ist feucht, blutet wahrscheinlich. Und sehen kann ich überhaupt nichts.«

Sie tasteten im Dunkeln herum, und dann sagte Andreas, und seine Stimme zitterte dabei: »Der Gang – ich glaube, der Gang ist zugeschüttet.«

»Mensch, das darf doch nicht wahr sein!«

»Es ist aber wahr!«

Langsam an das Dunkel gewöhnt, erschien den Jungen der schmale Lichtstreifen, der durch einen winzigen Spalt an einer Stelle hereinfiel, wie ein wunderbares Geschenk.

»Dort, seht doch, da ... wahrscheinlich können wir dort heraus.« Schon war Bernhard an der fraglichen Stelle.

Blitze konnten sie jetzt nicht mehr sehen, aber der Donner drang gedämpft in ihr Verließ. Sie starrten wortlos auf den schmalen Spalt. Andreas, der die ganze Zeit an den Wänden herumgetastet hatte, stellte nun endgültig fest: »Wir sind eingesperrt. Der Gang ist verschüttet.«

»Eingesperrt? Bei dir piept's wohl?« entrüstete sich Bernhard, »wir müssen ja schließlich irgendwann mal raus hier. Oder willst du hier übernachten?«

»Ein Glück, daß wir nicht gerade im Gang waren. Dann wären wir jetzt tot«, sagte Flip.

»Keiner weiß, wo wir sind«, stellte Gerd fest.

»Raus, raus, wir müssen hier raus!« Bernhard schrie es mehr verzweifelt als wütend.

Er trat an den schmalen Spalt, zog sein Taschenmesser hervor und schob die Klinge in den winzigen Spalt, der ihnen das spärliche Licht spendete. »Ha!« triumphierte er. »Man muß nur etwas tun.«

Sie sahen es, ein klein wenig hatte er den Spalt verbreitert. Er schob seine Finger dazwischen, zog sie aber schnell wieder zurück, denn sogleich kam das Gemäuer wieder in Bewegung mit einem Geräusch, das beinahe wie das Knurren eines Hundes klang. Ein paar Steinbrocken fielen herunter.

»Hör auf, hör auf, sonst werden wir noch ganz verschüttet!« schrie Gerd.

»Pah, ganz verschüttet, schaut euch das an, jetzt haben wir wenigstens ein bißchen mehr Licht.«

Statt des winzigen Spaltes lag jetzt ein handgroßes, dreieckiges Loch frei. Zwar konnten sie in ihrem Gefängnis nun mehr sehen, der Blick nach draußen war jedoch begrenzt, sie sahen nur die Wipfel der Bäume drüben am Waldrand.

»Da steht ihr alle herum«, fuhr Bernhard fort, »ihr seht ja, man muß etwas tun.«

»Du siehst, was dabei herauskommt, wenn man etwas tut. Wir riskieren nur, daß alles zusammenbricht«, redete Andreas auf ihn ein. »Wir können nichts tun.«

Gerede hin und her.

»Man müßte...«

»Wir könnten versuchen...«

»Vielleicht finden wir...«

Dann sagte Flip leise: »Wir können nur eins tun, beten.«

Gerd und Bernhard wie aus einem Mund: »Du Blödmann, beten. Jetzt hilft kein Vaterunser.«

In diesem Augenblick fiel ein Strahl der Abendsonne herein, und sie sahen Flip mit gefalteten Händen am Boden hocken. Da faltete auch Andreas die Hände.

Betretenes Schweigen.

Dann erhoben sich die beiden.

»Glaubt ihr wirklich, das nützt etwas?« fragte Gerd.

»Hmhm...« Die beiden nickten nur.

»Bildet ihr euch etwa ein«, spottete Bernhard bissig, »jetzt kommt ein Engel vom Himmel oder der liebe Gott persönlich, um uns hier herauszuholen?«

»Gott wird uns jemand schicken, der uns befreit.«

»Quatsch, keiner weiß, wo wir sind.«

»Gott weiß, wo wir sind.«

Bernhard lachte höhnisch: »Wenn ihr so einen Unsinn in eurer Jungschar lernt, kann mir dieser fromme Verein gestohlen bleiben.«

»Nanu«, sagte Herr Wehrmeister, als plötzlich seine Schreibtischlampe erlosch, »das ist bestimmt eine Störung im Netz, durch das Gewitter.« Er bekam keine Antwort, denn er machte allein Bereitschaftsdienst in der Zweigstelle des E-Werkes. Er griff zum Telefon, aber auch das war tot.

Da trat er ans Fenster. Es regnete nur noch ein bißchen. Drüben auf der Straße stieg gerade Herr Müller aus seinem VW. Er öffnete das Fenster und rief ihn herüber. »Ein Glück, daß ich dich erwische«, sagte Herr Wehrmeister. »Wer läuft schon bei dem Regen draußen herum! Ich werde einen ausführlichen Bericht nach oben geben. So kann es nicht weitergehen. Wenn wir schon die Überlandleitungen immer noch haben, müssen wir mindestens zu zweit Bereitschaftsdienst machen. Man ist ohne Strom buchstäblich von aller Welt abgeschnitten.«

Herr Wehrmeister bat Herrn Müller, den Kollegen Langner zu holen. Dazu war Herr Müller zwar bereit, aber er wollte erst seiner Frau Bescheid geben.

Viel Zeit verging, bis Herr Langner endlich da war. Dann wurde beraten, was zu tun sei. Schließlich mußte noch der Kollege Brandis aufgestöbert werden. Es ging schon auf zwanzig Uhr zu, als die beiden Techniker, Langner und Brandis, auf der Straße bei dem Bahndamm Halt machten und den umgestürzten Mast sahen.

Langner wollte gleich umkehren. »Wir können das nicht in Ordnung bringen«, sagte er. »Am besten fahren wir gleich weiter und melden in M., was passiert ist. Da muß so bald wie möglich was getan werden, damit wir in den Häusern wieder Strom kriegen.«

»Moment«, sagte Brandis, »ich will nur mal sehen...« Er war schon ausgestiegen, ging auf die Unfallstelle zu und um die Bunkertrümmer herum, da hörte er den Hilferuf. Die Jungen im Bunker hatten geredet und geschwiegen, Vorschläge erwogen und verworfen, und waren doch immer nur zu dem Schluß gekommen, daß sie nichts, absolut nichts tun konnten zu ihrer Befreiung. Nach einer langen Weile des Schweigens bekam Bernhard plötzlich einen Tobsuchtsanfall. »Ich muß hier raus! Ich muß hier raus! Ich werd' verrückt!« Ohnmächtig rüttelte er an einem vorstehenden Betonklotz. Sofort fiel ein Brocken herunter und traf Andreas' Fuß.

»Hör auf, bist du wahnsinnig? Willst du, daß wir alle ganz verschüttet werden?«

»Das ist immer noch besser als elend zu krepieren. Da, seht, Flip betet schon wieder. Beten, was anderes kennt ihr nicht!«

Vorsichtig sagte Gerd: »Vielleicht müssen wir auch beten, wir alle, sonst hilft es nicht. Kapierst du immer noch nicht, daß wir sonst nichts tun können?«

»Daß ich nicht lache! Ich kann nicht mal beten.«

»Ich auch nicht, aber wenn uns Andreas sagt... oder Flip... man kann es vielleicht lernen.«

Wütend fuhr Bernhard wieder auf, er schrie, heiser vor Angst und Aufregung: »Hör auf mit dem Quatsch, hör endlich auf, wir müssen was tun, wir *müssen* uns was einfallen lassen ... Kapiert ihr das nicht? Euer lieber Gott ...«

Flip sprang jäh auf. »Still ... sei mal still ... schrei nicht so, hört ihr denn nicht ... ein Auto ...«

Bernhard verstummte. Reglos lauschten alle vier ... ja, da war ganz deutlich das Brummen eines Motors zu hören.

Andreas sprang an das dreieckige Guckloch: »Wir müssen rufen ...« Die Hände wie einen Trichter am Mund rief er laut: »Haaaallo ... Haaallo ... Hiiilfe – Haaallo – Hiilfe.«

Wieder und wieder ... Atemlos wartend die drei andern.

Schritte draußen, polterndes Geröll, und dann die Frage: »Ist da jemand?«

»Hier, hier, im Bunker ...«

»Nun sagt mir bloß, wie ihr da hineingekommen seid!«

Mit Sprudel, Keksen, Obst und Wurstbroten versorgt, mußten sie noch die ganze Nacht und ein paar Stunden des folgenden Tages ausharren. Eng aneinandergedrängt verbrachten sie die Stunden, halb schlafend, halb wachend.

Wie lang kam ihnen diese kurze Sommernacht vor! Einmal, zwischen Schlaf und Wachen, fragte Gerd, der seinen Arm um Flips Schulter gelegt hatte: »Hast du gar keine Angst gehabt?«

»'n bißchen schon.«

»Ich sehr ... darum wollte ich auch gern beten.«

»Quatsch nicht!« rief Bernhard ärgerlich, »sei still, ich will schlafen.«

»Ich glaub aber doch, es war richtig, das Beten ...«

»Und ich sage dir, Zufall, reiner Zufall ... Überhaupt, sie hätten uns schon gefunden, wenn sie das da draußen repariert hätten.«

»Zufall ... haha!« kam es aus Andreas' Ecke. »Du hast ja keine Ahnung. Herr Brandis sagte, beinahe wären sie weggefahren, aber er *mußte* einfach aussteigen ...«

»Der Brandis ist ja auch so ein Heiliger.«

»Eben ...« sagte Flip.

»Drei gegen einen«, sagte Gerd, »dagegen kommst du nicht an. Ich glaube nicht an deinen sogenannten Zufall. Ich glaube, das Beten hat es gebracht.«

# Nie mehr

Als ich ein Kind war, kannten wir ein Mädchen, das wir die Dumme nannten. Nicht, weil Elisabeth das Lernen schwerfiel, sondern weil sie beim Spielen alles tat, was wir von ihr verlangten.

Am schlimmsten trieb es Ruth Pieper mit Elisabeth. Spielten wir zum Beispiel Mutter und Kind, so mußte Elisabeth immer das ungehorsame Kind sein, das Schläge bekam und in die Ecke gestellt wurde. Manchmal schlug Ruth so heftig zu, daß Elisabeth wirklich zu weinen anfing.

Hin und wieder lud ich Elisabeth ein, in unserm Garten zu spielen. Ich sagte dann wohl zu ihr, sie solle sich nicht alles gefallen lassen. Aber sie meinte, dann ließe Ruth sie nicht mitspielen. Die Großen wollten sie nicht, und auch die Kleinen wollten für sich sein. Ja, so war es, die einzelnen Jahrgänge hielten zusammen.

Ruth bestimmte immer das Spiel. Lag es daran, daß ihre Eltern in Indien lebten und Ruth bei ihren Großeltern wohnte, bei dem Sanitätsrat Pieper, vor dem wir alle großen Respekt hatten?

So verkündete Ruth auch eines Tages im Frühjahr, wann wir zum Blumenpflücken auf die Priemelwiese gehen sollten. Das war zwar verboten, aber Ruth scherte sich nicht darum, und so machten wir einfach mit.

»Elisabeth kann sich dort auf den Holzstoß setzen und aufpassen, ob jemand kommt, und uns warnen.«

Elisabeth hätte bestimmt lieber Blumen gepflückt, kletterte aber gehorsam auf den angewiesenen Platz, während wir andern fünf Mädchen die Böschung hinunter in die Wiese gingen.

Es hatte tagelang geregnet, und die Wiese war der reinste Sumpf. Bald ging uns das Wasser bis über die Knöchel. Anna kehrte zuerst um, und bis auf Ruth folgten wir ihrem Beispiel.

Ruth war böse. »Da drüben stehen Schlüsselblumen in Massen. Denkt nur nicht, daß ich euch welche abgebe. Ich pflücke einen ganz dicken Strauß für mich allein!«

»Dann mußt du erst mal über den Graben springen«, rief ihr Ina zu.

»Na und...?« rief Ruth zurück, und schon setzte sie zum Sprung an. Da steckte sie bereits bis zu den Knien im Graben.

Wir lachten, merkten aber gleich: Es war gar nicht zum Lachen. Ruth machte verzweifelte Anstrengungen, um aus dem Graben herauszukommen. »Helft mir lieber, als dazustehen und zu lachen!« rief sie uns zu.

»Das hat sie davon«, sagte Ina, und wir nickten Beifall, aber unsere Schadenfreude hielt nicht lange an. Wir sahen, wie Ruth immer tiefer einsackte bei ihren Bemühungen herauszukommen.

»Wir müssen Hilfe holen«, schlug Maria vor, »wir allein können ihr nicht helfen.«

»Kommt doch endlich und helft mir!« rief Ruth mehr verzweifelt als wütend.

»Wie stellst du dir das vor? Dann sitzen wir auch im Graben fest.«

»Was ist denn los?«

Wir sahen uns um. Elisabeth war von dem Holzstoß heruntergeklettert und kam näher. Sie machte ein paar Schritte in die sumpfige Wiese, kehrte aber gleich wieder um und schüttelte den Kopf. »So geht es nicht. Wir müssen einen Steg machen, sonst versinken wir alle zusammen im Morast.«

»Einen Steg?«

»Dort mit den Balken, aber ihr müßt mit anfassen, allein schaffe ich es nicht.«

Wir hatten keine Zeit zum Staunen.

»Faßt mit an.« Elisabeth begann bereits einen Balken vom Holzstoß herbeizutragen.

»Wenn wir die Balken nebeneinander legen, sinken wir nicht so leicht ein.«

Ohne weiter zu fragen, liefen wir hin und her und legten die Balken zu einem notdürftigen Steg voreinander.

Endlich hatten wir den Graben erreicht.

»Kannst du wenigstens ein Bein aus dem Schlamm kriegen und auf den Steg stellen?« fragte Elisabeth die unglückliche Ruth. Es klappte nicht. Ruth war schon zu tief in den Graben gesunken.

»Allein kommt sie nie heraus«, stellte Maria fest. Elisabeth aber ging so nahe an den Graben heran, wie es der notdürftige Steg erlaubte. Der Kloben sank zwar ein, aber nicht so sehr, daß sie sich nicht darauf halten konnte. »Jetzt müßt ihr euch hinter mich stellen«, sagte sie. »Maria legt von hinten die Arme um mich, und so eine hinter der andern. Wenn ich sage: ›los‹, ziehen wir alle zusammen. Vielleicht kriegen wir Ruth dann heraus.«

Schon streckte sie beide Hände aus, und Ruth beugte sich vor und griff hastig danach. Wir standen hintereinander, ich konnte nicht sehen, was vorn passierte, hielt vor mir Ina krampfhaft mit beiden Armen an der Hüfte umschlungen, hörte ein Quietschen und Quatschen und Gurgeln. Die Kette, die wir gebildet hatten, lockerte sich, so daß wir beinahe umgefallen wären, noch ein kleiner Ruck – und dann stand Ruth auch schon auf dem Steg, bis an die Brust mit Schlamm besudelt, naß und zitternd.

Die Balken unter uns waren natürlich tiefer eingesunken, und wir standen bis über die Knöchel im Nassen, aber

Ruth war gerettet.

Wir rannten heimwärts. Als wir einmal etwas ausruhten, fragte Ruth: »Nun sag mir bloß, Elisabeth: Wie bist du auf den fantastischen Gedanken mit dem Steg gekommen?«

»Ach, da ist gar nichts bei. Mein Großvater hat vor ein paar Tagen erzählt, wie er im Krieg mal einem andern Soldaten aus dem Sumpf geholfen hat. Das ging auch so mit Balken.

»Daß du aber gleich daran gedacht hast! Das hätte ich dir gar nicht zugetraut.«

Wir alle bekamen nach diesem Abenteuer einen dicken Schnupfen. Elisabeth aber hatte es schlimmer erwischt. Sie fehlte am nächsten Tag in der Schule. Dann war Sonntag. Am Montag sagte der Lehrer gleich zu Beginn des Unterrichts: »Elisabeth Wagner ist sehr krank. Sie hat Lungenentzündung. Ihr wißt, das ist eine schwere Krankheit. Sie hat hohes Fieber, im Augenblick darf sie keiner von euch besuchen.«

Damals vor siebzig Jahren war das Penicillin noch nicht entdeckt. Außerdem war es in unserm kleinen Ort nicht möglich, Elisabeth schnell in ein Krankenhaus zu bringen.

Wir waren alle sehr erschrocken. War Elisabeths Krankheit eine Folge des Rettungsunternehmens auf der Primelwiese? In der Pause standen wir verstört zusammen. Im vorigen Jahr waren zwei Kinder im Ort an dieser schlimmen Krankheit gestorben.

»Sie hat es bestimmt von den nassen Füßen bekommen«, meinte Maria, aber Ina sagte:

»Nasse Füße haben wir auch gehabt. Aber sie hat so geschwitzt beim Balkenschleppen. Davon muß es gekommen sein.«

Wir sahen Ruth an, sie war ganz blaß und hatte ein verstörtes Gesicht. »Mein Großvater«, sagt sie, »geht jeden Tag zu ihr hin. Er wird schon wissen, was man tun muß, damit sie nicht ... damit sie nicht ... ich meine, damit sie wieder gesund wird.«

Niemand wagte zu sagen, daß sie eigentlich an allem schuld sei.

Zwei Tage vergingen, drei, wir hatten keinen Sinn für unsre üblichen Spiele. Wir wurden den Gedanken an Elisabeth nicht los.

Und dann erfuhren wir, daß Elisabeth in der Nacht gestorben sei.

Niemand von uns Schulkindern durfte mit zur Beerdigung gehen. Elisabeths Eltern wollten es nicht. Unsere Eltern waren aber alle dabei, und meine Mutter besuchte Familie Wagner am Nachmittag. Uns Kindern jedoch war eingeschärft worden, wir sollten noch nicht hingehen. Ich blieb am Nachmittag zu Hause, lief im Garten herum und mußte immer an Elisabeth denken. Da rief jemand am Gartentor meinen Namen.

Ruth!

Ich öffnete schnell.

Sie trug einen Strauß Schlüsselblumen in der Hand. »Kommst du mit?« fragte sie.

»Wohin?«

»Zu Elisabeth.«

»Oh – wir dürfen nicht.«

»Ich muß aber hin! Verstehst du nicht? Ich *muß*. Allein traue ich mich nicht.«

Ich zögerte.

»Hast du Angst?«

Ich schüttelte den Kopf.

»Dann komm doch!«

»Es ist – weil es doch verboten ist.«

»Verboten – ja, ich weiß. Aber ich *muß* hin. Kapierst du das nicht?«

Ja, ich verstand sie. Mit einem schnellen Blick zu unsern Fenstern überzeugte ich mich, daß mir niemand nachschaute.

»Los«, sagte ich, »aber ich kann nicht lange bleiben. Merken darf es keiner.«

Wir rannten die Straße hinunter, bis wir vor Wagners Haus standen. Ein niedriges, altes Haus mit kleinen Fenstern. Ruth klopfte an die verwitterte Haustür. Müde Schritte näherten sich. Elisabeths Mutter öffnete.

»Ich – wir – ein paar Blumen für Elisabeth. Ich habe sie selber gepflückt. Auf der Primelwiese«, stotterte Ruth.

Die Mutter streckte die Hand aus. Aber Ruth hielt die Blumen fest.

»Ich möchte selber...«

Noch nie hatte ich Ruth so demütig und bescheiden gesehen.

Wir folgten Frau Wagner durch einen dunklen Flur, an dessen Ende sie eine Tür öffnete, und traten in das kleine Schlafzimmer. Elisabeth lag auf dem Bett, in ein weißes Kleid gehüllt. Sie sah aus, als ob sie schliefe.

Es war die erste Tote, die ich in meinem Leben sah. Ein friedlich schlafendes Mädchen.

Ruth ging näher zu ihr hin und legte die gelben Frühlingsblüten zu Elisabeths Füßen auf das Bett.

Schweigend verließen wir den kleinen Raum und das Haus. Draußen sagte Ruth mit einer fremden Stimme, mehr zu sich selbst als zu mir: »Wäre ich doch nett zu ihr gewesen. Nun kann ich es nie mehr – nie.«

Ohne sich noch einmal nach mir umzusehen, wandte sie sich ab und ging die Straße hinunter.

## Das Eichhörnchen

Diesmal fuhren Markus und Katharina in den großen Ferien mit ihren Eltern in ein Forsthaus. Es war ein herrlicher Sommer. Sie machten Ausflüge nach allen Richtungen, und an besonders heißen Tagen gingen sie im nahen Dorf schwimmen.

Katharina, genannt Nina, hatte zwar ein bißchen Angst vor Harras, dem großen Schäferhund, doch nach ein paar Tagen merkte sie, daß er ungefährlich war, und ging nicht mehr in großem Bogen um ihn herum.

Viel Spaß machte ihnen ein Eichhörnchen. Es kam von Zeit zu Zeit aus dem Wald, der gleich hinter dem Forsthaus begann, setzte sich auf den Tisch im Garten oder auf die Lehne der Bank vor dem Haus und gab merkwürdige Töne von sich, bis die Försterin mit einer Handvoll Nüssen kam. Es kletterte schnell an der Försterin hoch, setzte sich zutraulich auf ihre Schulter und nahm Nuß für Nuß aus ihrer Hand.

Katharina hätte das Tierchen zu gern einmal gestreichelt, aber das ließ es sich nicht gefallen.

»Es läßt sich nicht einmal von mir anfassen«, sagte die Försterin, »du siehst ja, wenn du nur die Hand ausstreckst, springt es davon.«

Nach dem Mittagessen hielten die Eltern immer im Schatten des Kastanienbaums ihre Mittagsruhe. Katharina und Markus spielten im Garten vor dem Haus an einem schweren Tisch Mühle oder Dame, malten oder lasen. Mittags war es sowieso meistens zu heiß zum Herumtoben.

Wie sie nun eines Tages da saßen, kam zu Katharinas großer Freude das Eichhörnchen angesprungen, setzte sich nur einen halben Meter von den Kindern entfernt auf den Tisch und sah mit seinen blanken Äuglein zu ihnen hin. Sie saßen eine Weile regungslos, dann streckte Katharina langsam ihre Hand aus und flüsterte dem Bruder zu: »Ob ich's erwische?«

Da sprang das Eichhörnchen schon vom Tisch, blieb aber nur ein paar Schritte entfernt sitzen. Katharina beugte sich hinunter, und nun begann ein lustiges Spiel, bei dem das Tierchen im Vorteil war. Es zog sich immer ein kleines Stück zurück, aber sobald Katharina nur einen Schritt näher kam, rückte es um den gleichen Abstand weiter.

Markus lachte. »Es macht sich über dich lustig, merkst du das nicht, Nina?«

Die Schwester aber versuchte es weiter. Das Eichhörnchen setzte über das Gartentor, sprang auf die Straße, Katharina hinterher, und immer, wenn sie meinte, jetzt könnte sie das Tierchen fangen, entwischte es.

Jetzt machte das Spiel auch Markus Spaß. Da sie nun zu zweit das Tier zu fangen versuchten, wurde es immer schneller, lief auf den Wald zu, huschte auf den ersten Baum und schaute herunter, wobei es das merkwürdige »Tschuk-tschuk-tschuk« ausstieß.

»Es lacht uns aus, Nina, geben wir's auf.«

Als ob das Eichhörnchen den Jungen verstanden hätte und das Spiel weitertreiben wollte, kam es wieder auf den Weg herunter. Es huschte zwischen den Bäumen tiefer in den Wald hinein.

Die Kinder kamen in Fahrt.

»Wir kriegen dich doch!« rief Katharina, und so ging die Jagd weiter.

Sie waren schon ein ganzes Stück zwischen den Bäumen gelaufen, wo es längst keinen Weg mehr gab, als das Eichhörnchen endlich genug von dem Spiel zu haben schien, hoch oben auf einem Ast sitzen blieb, herunteräugte und, anstatt wieder herunterzukommen, höher und höher kletterte, bis die Kinder es nicht mehr sehen konnten.

Da standen die beiden nun, sahen sich um und wußten nicht, aus welcher Richtung sie gekommen waren.

»Wo sind wir eigentlich?« fragte Katharina. »Hier gibt es gar keinen Weg.«

»Hm«, machte Markus, »ich überlege gerade. Dort an dem dicken Baum sind wir vorbeigekommen, also zurück in dieser Richtung.«

Katharina stapfte hinter dem Bruder her. Sie kamen an einen Trampelpfad.

»Endlich so etwas wie ein Weg«, atmete Markus auf, »jetzt kommen wir bestimmt zu dem Feldweg, der da abbiegt, wo es zum Schwimmbad geht. Zu dumm, ich habe meine Armbanduhr nicht dabei. Man weiß nicht mal, wie spät es ist. Meinem Hunger nach ist es schon Zeit für den Kuchen.«

»Ich habe nur Durst«, sagte Katharina.

Langsam trotteten sie den schmalen Pfad zwischen den Bäumen dahin. Der Weg wurde etwas breiter, und Markus, dem es inzwischen etwas mulmig zumute wurde, rief aus: »Schau, Nina, dort wird es hell zwischen den Bäumen, da ist bestimmt die Straße.«

Ja, der Wald lichtete sich, aber da war keine Straße, vielmehr endete der Pfad an einem Feldrain, und vor den Kindern lag ein weites Kornfeld.

Im Forsthausgarten hatten die Eltern ihre Mittagsruhe beendet. Die Försterin deckte auf der Terrasse den Kaffeetisch.

»Wo sind die Kinder?« wunderte sich die Mutter.

»Sie werden schon gleich kommen«, sagte der Vater, »Markus will sich doch nie den Kuchen entgehen lassen.«

Die Zeit verging, die kleine Mahlzeit war beendet, aber die Kinder blieben verschwunden.

»Wahrscheinlich sind sie vorausgegangen, wir wollten ja schwimmen gehen«, meinte der Vater.

»Das glaube ich nicht. Auf dem Tisch vor dem Haus liegen ihre Bücher und das Mühlespiel. Es ist nicht ihre Art, alles stehen und liegen zu lassen und davonzulaufen. Ich will mal nachsehen, ob ihr Badezeug weg ist.«

Die Mutter kam bald aus dem Haus zurück. »Das Badezeug liegt auf ihren Betten, also sind sie nicht schwimmen gegangen«, sagte sie. Alles Rätseln half nichts, die Kinder blieben verschwunden. Der Ärger des Vaters wurde zur Sorge, und als die Försterin auf dem Weg in den Garten an der Terrasse vorbeikam, tröstete sie: »Sie werden schon kommen, wenn sie Hunger haben.«

Die Mutter schüttelte den Kopf. »Ich weiß nicht, es passiert so viel...«

Die Försterin lachte. »Hier werden keine Kinder entführt, wenn Sie das etwa meinen.«

»Es ist schon spät, ich kann mir gar nicht denken, wohin sie gelaufen sein könnten.«

Ratlos saßen sie zusammen, als der Förster von der Hauptstraße zum Forsthaus einbog.

»Gut, daß du so früh kommst«, begrüßte ihn seine Frau, »Markus und Katharina sind verschwunden, die Eltern machen sich Sorgen, ja, die Mutter denkt sogar an Kidnapper.«

Der Förster lachte. »Da glaube ich eher, die Kinder sind gegangen, um die Gegend zu erkunden. Dabei könnten sie sich verlaufen haben, denn sie kennen sich hier zu wenig aus. Ich denke, wir nehmen Harras und machen uns auf die Suche...«

»Hier sind wir noch nie gewesen«, rief Katharina aus, »überall, wo wir mit Vati und Mutti waren, gab es nur Wald und Wiesen, und kein Kornfeld.«

»Wir sind wenigstens schon mal aus dem Wald heraus«, sagte Markus, »jetzt kann man wenigstens weiter sehen. Schau, dort drüben ist ein Dach, also wohnt da jemand, den wir fragen können, wie man zum Forsthaus kommt.«

Aber am Ende des Kornfeldes stellten sie fest, daß da kein Wohnhaus mitten auf einer Wiese stand, sondern eine Scheune.

Katharina ließ sich enttäuscht auf den Feldrain plumpsen. »Ich kann nicht mehr, ich muß mich erst mal ausruhen«, stöhnte sie.

»Meinetwegen ruh dich aus. Ich laufe mal eben zur Scheune hinüber, da *muß* eine Straße sein.«

»Wieso muß?«

»In eine Scheune wird Heu eingefahren oder sonstwas, und wo Wagen fahren, ist auf jeden Fall eine Straße.«

Markus lief übers Feld auf die Scheune zu, und richtig, da war die gerippte Radspur eines Treckers. Er winkte seiner Schwester, und Katharina kam langsam über die Wiese gehumpelt.

»Mir tut der Fuß so weh, hinten an der Hacke. Ich kann kaum laufen«, jammerte sie.

»Stell dich nicht an, wir müssen weiter, es ist bestimmt schon spät. Vati wird böse sein, sie wissen gar nicht, wo wir geblieben sind. Ein Glück, daß wir jetzt einen richtigen Weg gefunden haben.«

Aber nun machte der Feldweg einen großen Bogen und führte wieder auf den Wald zu. Katharina starrte vor sich hin auf den staubigen Weg. Markus aber überlegte, ob es ratsam war, wieder in den Wald zu gehen. Da blieb Katharina stehen. »Au!« schrie sie. »Mein Fuß! Ich kann wirklich nicht mehr laufen, es tut so weh.«

Sie setzte sich in den Graben neben dem Weg.

»Du kannst meinetwegen hier sitzenbleiben. Ich muß rausfinden, wie wir nach Hause kommen.«

Katharina hatte schon den Schuh ausgezogen, streifte den Strumpf ab, und nun sah auch Markus das Unglück. An der Ferse hatte seine Schwester eine Blase, sie war aufgegangen, und das rohe Fleisch war zu sehen.

»Siehst du, ich habe mich gar nicht angestellt. Was machen wir nur? Wir wissen nicht, wo wir sind.«

»Ich nehme dich huckepack. Wir müssen jedenfalls weiter.«

Aber bald merkte Markus, daß er die Schwester nicht mehr tragen konnte wie früher, als sie noch klein war. »Ich gehe erst mal bis zum Waldrand und gucke, wohin der Weg führt«, schlug er vor. »In den Wald möchte ich nicht zurück, da kann man immer nur ein paar Meter weiter sehen.«

»Ach, Markus, geh nicht weg, laß mich hier nicht allein!«

»Irgendwie müssen wir aber nach Hause kommen, Nina. Sieh das doch ein. Ich verstehe ja, daß du nicht laufen kannst. Laß mich nur bis dahin gehen, wo der Wald anfängt, damit ich sehe, wie es weitergeht.«

Da fing Katharina schrecklich an zu weinen und bat: »Bitte, bitte, laß mich nicht hier allein sitzen!« Da setzte sich Markus neben sie ins Gras.

Harras lief kreuz und quer zwischen den Bäumen durch den Wald. Der Vater fragte den Förster, ob der Hund wohl auf der richtigen Spur sei. »Es ist doch sehr merkwürdig. Ich kann mir nicht denken, daß die Kinder so ziellos hin und her gelaufen sind.«

»Wir können uns auf Harras verlassen. Sehen Sie, jetzt hat er den Trampelpfad erreicht, also sind die Kinder dort gegangen.« Da war das Kornfeld, die Wiese, wo Katharina gesessen hatte. Harras schnüffelte aufgeregt, lief schließlich quer über die Wiese, machte kurz bei der Scheune halt und setzte schließlich in großen Sprüngen seine Suche fort.

Die beiden Männer konnten gar nicht so schnell folgen.

»Harras!« rief Markus, als der Hund plötzlich vor den Kindern auftauchte. Er stand schnell auf und trat auf den Weg. Da sah er den Förster und den Vater herankommen.

»Da seid ihr ja!« rief der Vater aus.

Katharina aber lachte und weinte zugleich.

»Ihr könnt euch bei Harras bedanken«, sagte der Förster, »ohne ihn hätten wir euch wahrscheinlich nicht so schnell gefunden.«

Der Vater nahm seine Tochter auf den Arm, und während der Förster sie auf dem nächsten Weg zum Forsthaus brachte, erzählte Markus von der Jagd nach dem Eichhörnchen, das sie in die Irre geführt hatte.

# Die verlorene Kette

Petra hatte zu ihrem Geburtstag eine silberne Kette mit einem schönen Anhänger bekommen. Sie zeigte sie den andern Mädchen in der Schule und sagte: »Echt Silber, ich soll sie eigentlich nicht jeden Tag tragen, aber heute wollte ich unbedingt, weil wir nach Bonn fahren.«

Natürlich wollten alle die Kette genau sehen. Petra nahm sie ab und zeigte vor allen Dingen den Stempel – 800 – ja, das war echt Silber, das wußten alle. Petra war froh, daß ihre Mutter ihr erlaubt hatte, die Kette umzuhängen. Was hatte sie von der schönen Kette, wenn die andern in der Schule sie nicht sehen konnten?!

Sie wollten nach Bonn zum Bundeshaus fahren. Die Fahrt dauerte nur eine halbe Stunde. Es war sehr interessant, einmal in Wirklichkeit zu sehen, was sie sonst im Fernsehen immer nur in Ausschnitten betrachten konnten: Den großen Saal mit den Plätzen der Abgeordneten, das Rednerpult mit den Mikrofonen und den Tisch für die Stenografen. Zwar waren alle Plätze leer, weil gerade keine Sitzung stattfand, aber jetzt konnten sie sich viel besser vorstellen, wie es während der Bundestagsdebatten zuging. Schließlich wurde noch ein Film gezeigt und erklärt, wie es zur Wahl eines Abgeordneten kommt und was seine Aufgaben sind.

Nach der Vorführung durften die Mädchen in der Cafeteria des Bundeshauses noch etwas trinken, dann ging die Fahrt wieder heimwärts.

Es gab viel zu erzählen. Niemand dachte mehr an Petras Kette, bis sie aufschrie: »Meine Kette! Meine Kette ist weg!«

Sofort gab es eine allgemeine Aufregung. Von allen Seiten stürmten Fragen auf Petra ein.

»Wann hast du sie zuletzt gehabt?«

»Du hast sie doch mal abgenommen, wer hat sie da gehabt?«

»Ich habe sie gar nicht aus der Hand gegeben«, beteuerte Petra, und das stimmte, niemand hatte sie in der Hand gehabt.

Frau Mahler, die Lehrerin, beruhigte die Jungen und Mädchen und fragte: »Kannst du dich daran erinnern, wann du sie zuletzt gehabt hast?«

»Als wir den Film gesehen haben, hatte ich sie bestimmt noch. Können wir nicht zum Bundeshaus zurückfahren? Ich kann sie nur dort verloren haben.«

»Das geht nicht, Petra, wirklich nicht. Erstens würde es eine teure Sache, denn der Bus müßte für die zusätzliche Fahrt bezahlt werden, zweitens würden wir im Bundeshaus jetzt kaum noch jemand treffen. Wenn wir zu Hause sind, rufe ich an und bitte, daß sie die Kette suchen und aufheben. Irgendwer holt sie dann ab.«

Damit mußte Petra sich zufriedengeben. Sie weinte leise vor sich hin. Das Gerede im Bus ging hin und her, an den Bundestag dachte niemand mehr. Das bedauerte Frau Mahler sehr, denn die Klasse sollte demnächst einen Aufsatz darüber schreiben.

Es gab nur noch ein Thema, die verlorene Kette.

Beim Abschied sagte die Lehrerin Petra noch ein paar tröstliche Worte und versprach ihr, in Bonn anzurufen.

Andrea hatte ganz hinten im Bus gesessen und schob sich als letzte langsam durch den Gang zur Tür.

Ihr Blick glitt ohne besondere Absicht an den verlassenen Plätzen entlang, und da – sie hätte beinahe laut aufgeschrien –, da blinkte auf dem Sitzpolster etwas Blankes – Petras Kette!

Ehe sie recht wußte, was sie tat, hatte Andrea die Kette

bereits in der Hand. Der Anhänger hatte eingeklemmt zwischen den Polstern gelegen.

Niemand hatte Andreas schnellen Griff bemerkt. Wie ein Blitz durchfuhr sie der Gedanke: Ich hab die Kette gefunden, nun gehört sie mir.

Sie war gar nicht recht bei der Sache, als sie sich von Frau Mahler verabschiedete, die anschließend noch ein paar Worte mit dem Busfahrer sprach. Andrea stand ein paar Schritte entfernt vom Bus wie verloren auf der Straße. Sie sah sich um. Die andern Mädchen gingen bereits ein Stück weiter die Straße entlang, einige begleiteten die traurige Petra. Andrea aber sah auf die Kette in ihrer Hand und widerstand trotzig einer Stimme in ihrem Inneren, die sie mahnte: Du mußt Petra die Kette zurückgeben. Wieso, antwortete sie sich selber innerlich. Wenn man etwas findet, kann man es behalten!

Du darfst sie nicht behalten!

Wieso nicht? Wenn ich nicht zufällig wüßte, wem sie gehört, könnte ich sie auch nicht zurückgeben.

Sie schloß die Hand fest um die Kette und trottete nach Hause.

Dort überfiel der Bruder sie mit Fragen, wie es gewesen sei und ob sie den Plenarsaal vom Fernsehen her wiedererkannt hätte. »Erzähl doch mal«, ermunterte sie ihre Mutter, aber Andrea meinte: »Was gibt es denn schon zu erzählen, ihr wißt es ja aus dem Fernsehen.«

»Habt ihr den Bundeskanzler gesehen?« wollte ihr Bruder wissen.

Andrea tippte sich an die Stirn. »Du bist wohl nicht ganz richtig hier. Als ob der Bundeskanzler unseretwegen ins Bundeshaus käme.«

Andrea konnte immer nur an die Kette denken. Wie ein Stein lag ihr dieser Gedanke auf der Brust.

Ich hätte sie Petra *gleich* zurückgeben müssen. Jetzt, wie stehe ich da...

Ach, sie wurde nicht allein mit dem Problem fertig. Zum Erstaunen aller bot sie sich nach dem Abendessen freiwillig an, der Mutter beim Abtrocknen zu helfen. Sonst tat Andrea das nur mit Murren und Knurren.

»Mama, ich muß dir etwas erzählen«, begann sie. »Mir ist was Komisches passiert.«

»Da bin ich gespannt. Ich habe gemerkt, daß bei dir etwas nicht stimmt. Aber wieso ist es komisch?«

»Ach, Mama, nur so. Komisch ist es eigentlich nicht. Es ist so: Petra hat eine schöne, silberne Kette...«

Nun erzählte Andrea ihrer Mutter mit allem unnötigen Drum und Dran, was sich zugetragen hatte, und dann holte sie aus dem Halsausschnitt die Kette hervor, die sie dort versteckt hatte.

»Andrea!« rief ihre Mutter aus. »Warum hast du sie Petra nicht gleich zurückgegeben?«

»Das ist es ja eben, Mama. Ich dachte, weil ich sie gefunden habe, gehört sie mir. Neulich, als du auf der Post den Kugelschreiber gefunden hast, hast du ihn auch behalten.«

»Aber das war etwas ganz anderes. Ich wollte ihn am Schalter abgeben, aber niemand wollte ihn annehmen. Eine Schalterbeamtin sagte, er liege schon seit dem vorigen Tag da und keiner habe sich deswegen gemeldet. Ein Kugelschreiber sei kein Verlust, den zu melden sich lohne. Ich solle ihn ruhig mitnehmen.«

»Ja, siehst du, Mama, dann gehörte er eben dir, weil du ihn gefunden hast.«

Die Mutter ließ Geschirr Geschirr sein und setzte sich an den Küchentisch. Andrea schob sich auf die Bank. »Nun hör einmal gut zu«, begann ihre Mutter. »Wie kannst du das überhaupt mit der Kette vergleichen. Du *weißt* genau, wem sie gehört. Außerdem ist es kein billiger Kugelschreiber, nach dem niemand fragt, sondern wertvoller Schmuck. Es ist doch ganz selbstverständlich, daß du die Kette zurückgeben mußt.«

»Ja, das habe ich mir auch schon ein bißchen so gedacht. Aber das Dumme daran ist ... ich hätte sie gleich zurückgeben müssen, aber erst dachte ich, weil ich sie gefunden habe ...«

»Natürlich hättest du sie Petra gleich zurückgeben müssen. Aber das kannst du ja immer noch tun. Oder bildest du dir ein, du könntest Freude an einer gestohlenen Kette haben?«

»Gestohlen – Mama, nun sagst du soo was! Gefunden ist noch längst nicht gestohlen.«

»O doch, da du genau weißt, wem die Kette gehört, ist es wie gestohlen, wenn du sie behältst.«

Andrea sah vor sich hin. »Ja, aber – das ist blöd. Wenn ich Petra morgen die Kette zurückgebe, fragt sie, woher ich sie habe. Und wie sieht das aus, wenn ich ihr sage, daß ich sie im Bus gefunden habe?! Das wird sich in der ganzen Klasse herumsprechen, und wie stehe ich dann da? Nein, ich muß es anders machen; vielleicht mit der Post schicken und so tun, als hätte jemand sie in Bonn gefunden.«

»Das wird ja immer schöner, Andrea. Erst stehlen, dann lügen!«

»Mama, versteh mich doch. Ich bringe es einfach nicht fertig, Petra morgen einzugestehen, daß ich die Kette schon heute gefunden habe. Die merkt doch gleich, daß ich sie behalten wollte, und spricht bestimmt in der Klasse darüber. Da bin ich für alle Zeiten die Blamierte.«

»Ich denke, wir warten nicht bis morgen, sondern du bringst die Kette jetzt gleich zu Petra.«

»Und was soll ich sagen? Nein, ach, es ist zu schwierig.

Ich wünschte, ich hätte die Kette niemals gesehen.«

»Du *hast* sie gesehen, Andrea. Aber ich helfe dir. Und zuerst beten wir, daß Jesus dir den Mut gibt, dein Unrecht einzusehen und die Kette zurückzugeben.«

Die Mutter faltete die Hände und betete. Dann streifte sie die Schürze ab und sagte: »Zieh dir den Mantel über. Am besten gehen wir gleich.«

Bedrückt ging Andrea neben der Mutter den kurzen Weg zu Petras Wohnung. Sie hatte weiche Knie, als Petras Mutter die Tür öffnete.

Ohne lange Einleitung sagte Andreas Mutter: »Andrea hat Petras Kette gefunden und wollte sie ihr bringen.«

Hatte Petra schon gehört, was in der Diele gesprochen wurde? Sie kam aus einem Zimmer geschossen und jubelte: »Du hast meine Kette gefunden? O Andrea...«

»Welche Kette?« fragte nun Petras Mutter. »Ich weiß nichts von einer verlorenen Kette, doch nicht etwa die silberne, Petra?«

»Doch«, antwortete das Mädchen etwas kleinlaut, »aber jetzt ist sie ja wieder da. O Andrea, wie nett, daß du sie mir noch heute abend bringst. Wo hast du sie denn gefunden?«

»Sie lag im Bus zwischen dem Sitzpolster.«

»Ich habe gesucht und gesucht – ach, ich bin so froh, daß sie wieder da ist. Ich traute mich gar nicht, es dir zu sagen, Mama, aber jetzt ist sie ja wieder da.«

»Einmal hätte ich es doch erfahren, Petra.«

Andrea konnte es kaum fassen. Statt zu fragen, warum sie die Kette Petra nicht gleich zurückgegeben hätte, umarmte sie Andrea und sagte: »O Andrea, du bist wirklich zuuu nett, kommst extra her, um mir die Kette zu bringen.«

Andreas Mutter aber meinte: »Ich dachte, du würdest vielleicht schlecht schlafen wegen deiner verlorenen Kette.

Und Andrea hätte wahrscheinlich auch nicht gut schlafen können im Gedanken an deinen Kummer.«

Auf dem Heimweg sagte Andrea: »Ich bin so froh, Mama, es war so einfach und leicht. Das hätte ich wirklich nicht gedacht.«

»Morgen wäre es viel schwerer geworden und hätte bestimmt sehr merkwürdig ausgesehen. Außerdem habe ich auf dem ganzen Weg gebetet, der Herr möge es gut ablaufen lassen.«

»Meinst du, Mama, es war so leicht, weil du gebetet hast?«

»Ja, Andrea, ich habe oft erfahren, daß Gott Gebete erhört. Denke daran, wenn du in Schwierigkeiten bist und keinen Ausweg siehst.«

## Was macht Karin am Sonntag?

»Ihr kennt doch alle die Geschichte vom barmherzigen Samariter«, sagte Karin am Sonntag beim Mittagessen. »Das waren mal fiese Leute, diese Pharisäer und der Levit.«

»Naja«, meinte Reinhard, Karins älterer Bruder, »heute gibt es das nicht mehr.«

»Meinst du?« fragte der Vater. »Ich finde, heute ist es schlimmer denn je.«

»Nur, heute bleibt einer nicht auf der Straße liegen, wenn er überfallen worden ist«, erklärte Reinhard. »Da ruft man die Polizei, der Krankenwagen kommt und bringt den Überfallenen ins Krankenhaus.«

»Du meinst also, heute wäre so ein Samariterdienst nicht mehr nötig?« mischte sich die Mutter ein.

Reinhard zuckte die Achseln.

Karin aber sah die Mutter gespannt an, als sie jetzt fortfuhr: »Wie der Samariter kann man heute auch noch helfen. Irgendwo kann man bestimmt jemand eine Freude machen, der einsam ist, einem Kranken ein paar Blumen bringen oder ihm einfach Gesellschaft leisten.«

»Ha!« rief Karin aus. »Ich weiß etwas. Anja Poser, die ist schon lange krank, die könnte ich besuchen.«

»Ist das eine Schulfreundin?«

»Freundin eigentlich nicht. Wir in der Klasse können sie alle nicht leiden, weil sie rechthaberisch ist und ein richtiger Spielverderber. Sie hat was am Knie und muß lange im Steckverband liegen.«

»Steckverband«, Reinhard tippte an die Stirn, »Streckverband wahrscheinlich.«

»Streckverband oder Steckverband – ist ja egal. Jedenfalls liegt sie im Bett, und weh tut es wahrscheinlich auch.

Ich habe einfach nicht daran gedacht, aber jetzt...«

»Schön, Karin, daß du jetzt daran denkst. Du kannst eine Schüssel Erdbeeren aus unserm Garten mitnehmen. Sie wird sich bestimmt über deinen Besuch freuen.«

Am Abend erzählte Karin begeistert von ihrem Besuch bei Anja. »Sie hat sich sooo gefreut. Wir haben zusammen Halma gespielt. Ich habe ihr versprochen, daß ich sie jetzt jeden Sonntag besuche.«

»Da bin ich aber gespannt, wie lange du das durchhältst«, spottete Reinhard, aber die Mutter sagte: »Ich freue mich, daß Karin die Geschichte vom Samariter so in die Tat umgesetzt hat.«

Karin bestellte am andern Tag in der Schule der Lehrerin und der ganzen Klasse Anjas Grüße. Sie fand, es war gar nicht schwer, wie ein Samariter zu handeln. Eigentlich war es eine feine Sache, man wurde von allen Seiten gelobt, und ein Nachmittag bei Anja war mal etwas anderes, als mit Reinhard und den Eltern im Garten zu sitzen.

Das ging so zwei, drei Sonntage, aber dann geschah etwas, das ihren Entschluß, *jeden* Sonntag zu Anja zu gehen, ins Wanken brachte.

Onkel Max rief am Dienstag an. Am nächsten Sonntag wolle er mit seinen beiden Töchtern vorbeikommen und Reinhard und Karin abholen zu einem Besuch im Zoo.

»Tja, da kann ich leider nicht zu Anja gehen«, sagte Karin.

»Wieso kannst du das nicht?« fragte Reinhard. »Du hast es ihr versprochen, also mußt du es halten und zu ihr gehen.«

»Man kann ja auch *einmal* etwas anderes vorhaben.«

»Ach nee, erst versprechen... Anja rechnet doch bestimmt mit deinem Besuch.«

Karin sah ihre Mutter fragend an. »Man kann doch mal eine Ausnahme machen, oder?«

Ehe die Mutter antworten konnte, warf Reinhard ein: »Sie hat so angegeben, hat es Anja *versprochen*, das muß sie einfach halten, oder etwa nicht?«

»Muß, Reinhard? Karin muß selber entscheiden, ob sie zu Anja geht oder mit euch zum Zoo mitfährt.«

Reinhard wandte sich an den Vater, der am Fenster saß und die Zeitung las. »Was meinst du dazu, Vati? Karin hat Anja versprochen, sie jeden Sonntag zu besuchen, nun will sie natürlich mit in den Zoo.«

Der Vater sah seinen Sohn forschend an. »Würdest du nicht auch lieber mit in den Zoo gehen?«

»Lieber bestimmt. Aber versprochen ist versprochen, und das würde ich halten, auch wenn ich meine stille Wut dabei hätte. Und wenn es Karin nicht von sich aus tut, müßtet ihr ihr sagen, daß sie es tun soll.«

»Mit Wut dabei und gar erzwungen ist es nicht mehr wie beim Samariter, Reinhard.«

Karin, die das Ganze mit angehört hatte, seufzte. Der Gedanke, im Krankenzimmer zu sitzen, während Reinhard mit den Cousinen im Zoo auf dem Gondelteich ruderte, die Äffchen fütterte und sich den ganzen Nachmittag vergnügte – der Gedanke war beinahe zum Weinen. Darauf konnte man doch nicht so einfach verzichten! Verzichten, nur, weil man in der Sonntagsschule mal etwas vom barmherzigen Samariter gehört hatte! Nein, es ging nicht, diesen Sonntag nicht! Jeden andern, und Anja würde es verstehen.

Mittwoch, Donnerstag ... weder die Mutter noch der Vater erwähnten den Sonntagsausflug. Am Freitag hielt es Karin nicht mehr aus.

»Mutti, es ist schrecklich! Ich möchte sooo gern mitfahren, aber ihr sagt nichts dazu, und Reinhard tut, als wäre es ein Verbrechen, wenn ich nicht zu Anja gehe. Sag doch einfach, daß ich nicht mitfahren darf, sag doch einfach, daß ich zu Anja gehen *muß*, daß ihr es so haben wollt. So ist es viel schlimmer, weil ich nicht weiß, was ich machen soll.«

Die Mutter legte den Arm um Karins Schultern, schob sie auf die Küchenbank und setzte sich zu ihr. »Ich glaube, du weißt sehr gut, was du machen sollst. Dein Herz sagt, ich soll zu Anja gehen, und dein Kopf sagt, Autofahren und Zoo sind viel schöner. Als du Anja das Versprechen gegeben hast, ist dir nicht in den Sinn gekommen, daß es einmal schwer sein könnte, das Versprechen zu halten. Du wolltest etwas Gutes tun, und wir haben uns über deinen Entschluß gefreut, und Jesus bestimmt auch. Aber dann kommt der Versucher. Der will nicht, daß du etwas von Jesus lernst. Zum Beispiel das vom Samariter. Und er sagt dauernd: Du kannst doch nicht auf die schöne Autofahrt verzichten! Ich kann dir nicht helfen, Anja, es gibt für morgen nur ein Entweder-Oder, entweder Zoo oder Krankenbesuch.«

»Mutti, nun sag doch mal ehrlich, *jeder* würde sagen, ich sollte in den Zoo fahren.«

»Jeder? Wer ist jeder? Wollen wir mal so fragen, was würde Jesus sagen?«

Karin schwieg lange, seufzte und sagte endlich: »Naja, Mutti, dann will ich zu Anja gehen.«

»Nicht so, Karin, du mußt es wirklich ganz wollen, zu Anja zu gehen. Aber das mußt du dir von Gott schenken lassen.«

»Kann man das denn?«

Da faltete die Mutter die Hände und betete, daß der Vater im Himmel ihrer Karin ein fröhliches Samariterherz schenken möge.

Den ganzen Freitag ging Karin sehr still und in sich gekehrt herum. So kam der Samstag. Die Schulstunden schlichen vorüber. Langsamer als sonst ging Karin von der Schule nach Hause. An der Haustür traf sie Reinhard. Der Bruder vergaß in diesem Augenblick die Mahnungen der Eltern, Karin nicht mehr zu foppen.

»Du bist mir ein schöner Samariter!« Rief es und lief vor Karin ins Haus.

Karin stockte der Fuß. Er hatte ja recht mit seinem Spott! Sie schämte sich, oh, wie sie sich schämte! Langsam ging sie die Treppe hinauf und folgte dem Bruder ins Zimmer.

»Du, Reinhard, es ist ja sehr schade, aber ich fahre nicht mit euch, ich gehe zu Anja. Aber nicht, weil du mich auslachst oder weil es Vati und Mutti gern wollen, nur weil – weil –«

Reinhard hatte sich der Schwester zugewandt: »Karin, so was! Du bist ja lieb. Das hätte ich dir gar nicht zugetraut. Weißt du, ich sage Onkel Max, daß wir dir was mitbringen müssen, was ganz Besonderes.«

Karin war mit einem Mal ganz froh, lief in die Küche zu ihrer Mutter und sagte: »Daß du es weißt: Ich gehe morgen natürlich zu Anja... Reinhard will mir was Besonderes mitbringen.« Karin war so erleichtert. Sie sah ihre Mutter an. Die hatte ein glückliches Gesicht. »So kann der Vater im Himmel Freude haben, weil du es ganz freiwillig tust.«

Karin kam dicht an ihre Mutter heran und flüsterte: »Ich habe es mir doch vom Herrn Jesus schenken lassen.«

Ihre Mutter nickte. »Ich weiß, und darüber freue ich mich am meisten.«

# Die Verlosung

Zur Einweihung des Landschulheims in der Eifel sollten die Besten der beiden obersten Klassen ausgelost werden.

Andrea gehörte zu den Besten, und aus ihrer Klasse noch Ulla. Auch aus der Parallelklasse durfte jemand mitfahren, der ebenso ausgelost werden würde.

»Eigentlich ist es nicht schön, jemanden auszulosen«, meinte Ulla, »man hätte einfach jemand bestimmen sollen.« Mit dieser Ansicht stieß sie allerdings in der ganzen Klasse auf Widerspruch.

Die Mädchen waren sich darin einig, daß man Andrea ebenso die Chance geben mußte wie Ulla, denn neidlos mußten sie zugeben, daß beide gleich gute Schülerinnen waren. Drüben in der Parallelklasse würde es nicht anders sein.

Das sagte auch Frau Fischer, die Lehrerin. »Es ist für unsere Rektorin schwer, die richtige Wahl zu treffen. Aber wer gute Leistungen bringt, der kann auch ab und zu mit einer Auszeichnung rechnen. Das ist nicht nur in der Schule so.«

»Wäre es nicht gerechter«, wandte die Klasse ein, »wenn schon gelost wird, daß dann unter allen Schülern ausgelost würde?«

»Meint ihr wirklich? Was würdet ihr sagen, wenn dann das Los ausgerechnet auf jemand fiele, der sich von zu Hause aus schon allerhand leisten kann, im Unterricht aber nicht gerade eine starke Leistung bringt?«

»Hauptsache, es ist jemand Nettes«, meinten einige, aber schließlich sahen die meisten ein, am besten sei es wie es die Rektorin der Realschule beschlossen hatte.

Natürlich war schnell durchgesickert, daß Andrea und Ulla die Glücklichen waren, die zur Wahl standen.

Andrea konnte den Satz ihrer Mutter nicht vergessen: »Ich habe oft genug erfahren, daß Gott Gebete erhört.«

Das wollte sie, Andrea, jetzt ausprobieren. Sie fügte jeden Abend zu ihrer üblichen Bitte um Vergebung, wo sie Unrecht getan hätte, und um Schutz für alle, die sie liebte und die auf der Welt in Not wären, noch die Bitte dazu:

». . . und laß bitte das Los auf mich fallen, damit ich mit in die Eifel zur Einweihungsfeier fahren darf.«

Sie war sich ziemlich sicher, daß das Los auf sie fallen würde.

Noch wußte die Klasse nicht, wann die Auslosung stattfinden würde. Obwohl es nur um Andrea und Ulla ging, waren alle gespannt, wie die Sache ausgehen würde. Ja, es bildeten sich sogar Parteien. Einige gönnten Andrea die Fahrt und sagten: »Wir halten dir die Daumen.«

Aber auch Ulla hatte ihre Anhänger, die das Daumenhalten versprachen.

Daumen halten, dachte Andrea, was nützt das schon. Hände falten, darauf kommt es an!

Was aber, wenn Ulla auch betete? Aber nein, das war kaum möglich. Ulla nahm nicht einmal am Religionsunterricht teil, wahrscheinlich glaubte sie gar nicht an Gott, also betete sie auch nicht.

Bei allem Gerede um die Auslosung lächelte Andrea still vor sich hin. Gott würde ihre Gebete erhören, das glaubte sie ganz fest. Ja, sie fragte bereits ihre Mutter, was für ein Kleid sie zu der Feier anziehen solle.

»Das wird sich finden«, antwortete die Mutter. »Warte nur erst mal ab; noch weißt du nicht, ob das Los auf dich fällt.«

Ihr Bruder aber zog sie auf: »Sei nur nicht so froh, dann bist du hinterher auch nicht so enttäuscht.«

»Pah, was weißt du schon, warum ich froh bin. Ich habe

schon meinen triftigen Grund. Du wirst es sehen, das Los fällt auf mich.«

»Was das auch für ein Grund ist, ich sehe dich noch nicht auf dem Einweihungsfest.«

Der Tag der Auslosung kam heran. Frau Fischer hatte verkündet, an welchem Tag sie stattfinden würde. Eifriger denn je tippte die Klasse teils auf Andrea, teils auf Ulla.

Immer wieder mußte Frau Fischer die Schüler zur Ordnung rufen. »Nehmt euch ein Beispiel an den beiden, die es betrifft. Sie hätten allen Grund, ein bißchen unaufmerksam zu sein, aber nur Ulla und Andrea sind heute bei der Sache. Allen andern dürfte es gleichgültig sein, wen das Los trifft.«

Endlich war es so weit. Als das Klingelzeichen das Ende des Unterrichts ankündigte, rief Frau Fischer Ulla auf. »Bleib noch hier und geh mit mir zur Rektorin.«

»Sie hat gewonnen!« hieß es sofort, und Andreas Partei sagte: »Schade, Andrea. Wir hätten's dir gegönnt.«

Andrea aber sagte: »Ihr denkt, Ulla hat das Los getroffen? Das glaube ich nicht. Wahrscheinlich will die Rektorin sie trösten.«

»Meinst du?« fragten die andern. »Als ob Ulla deswegen zur Rektorin kommen soll. Ist doch ganz klar, daß sie die Glückliche ist. Nein, Andrea, Ulla fährt mit, damit mußt du dich schon abfinden.«

Ein leises Unbehagen beschlich Andrea. Hatten die andern vielleicht recht? Wenn sie es richtig überlegte, war der Gedanke, Ulla müsse getröstet werden, ziemlich merkwürdig. Sie wäre am liebsten schnell nach Hause gelaufen, statt mit den andern am Schultor auf Ulla zu warten. Aber sie wollte Gewißheit haben.

Es dauerte gar nicht lange, da kam Ulla über den Schulhof zum Tor gerannt. »Ich fahre, ich fahre! Ich freue mich ja sooo!«

Während viele Ulla zu ihrem Glück gratulierten, stand Andrea wie erstarrt. Das Los war auf Ulla gefallen? Das war doch nicht möglich!

Da trat Ulla zu ihr. »Andrea, ich freue mich so. Du darfst mir nicht böse sein. Ich habe nichts dazu getan, ich habe einfach Glück gehabt.«

Andrea brachte keinen Ton über die Lippen. Sie war blaß geworden. Jetzt drehte sie sich um und rannte die Straße hinunter nach Hause.

»Na, das hat sie ja furchtbar getroffen«, sagte eine ihrer Freundinnen. »Sie mußte doch wissen, daß es offen war, auf wen das Los fallen würde. Wie konnte sie überhaupt so fest damit rechnen, daß sie die Glückliche sein würde?«

Nein, für Andrea war überhaupt nichts offen gewesen.

Im Grunde genommen machte sie weniger der Gedanke traurig, daß sie nicht mitfahren würde, als die Frage, warum Gott ihre Gebete nicht erhört hatte.

Mit dieser Frage stürzte sie zu ihrer Mutter in die Küche. »O Mutti, warum hat Gott meine Gebete nicht erhört?«

»Welche Gebete?« fragte ihre Mutter. »Worum geht es eigentlich?«

»Du sagst immer, Gott erhört unsere Gebete, du hättest es oft erlebt. Ich habe die ganze Woche jeden Abend und sogar am Tag zwischendurch darum gebetet, daß das Los für die Einweihungsfeier auf mich fallen sollte, und jetzt ... Mutti, warum hat Gott meine Gebete nicht erhört?«

Die Mutter stellte die Gasflamme unter dem Topf klein, lehnte sich mit dem Rücken an die Fensterbank und sagte: »Ich weiß immer noch nicht, was eigentlich los ist.«

»Wir haben doch gelost, wer mit zur Einweihungsfeier

in die Eifel fahren soll. Ich habe so darum gebetet, daß ich gewinne und mitfahren darf. Aber das Los ist auf Ulla gefallen. Warum hat Gott meine Gebete nicht erhört? Habe ich nicht richtig gebetet, oder woran liegt es?«

»Bist du so enttäuscht, weil du nicht fahren darfst, oder gönnst du Ulla das Vergnügen nicht?«

»Ach Mutti, du verstehst das nicht. Meinetwegen soll sie fahren. Das Schlimme ist, Gott hat meine Gebete nicht erhört.«

Ihre Mutter seufzte. »So ist das also. Wir können mit unserem Gebet Gott nicht etwas befehlen. Aus dem Wort Gebet geht schon hervor, daß es sich um eine Bitte handelt. Entsinnst du dich, daß du mich einmal um die Plastikschuhe gebeten hast? Warum habe ich dir den Wunsch wohl nicht erfüllt?«

»Hm, ich weiß, du hast gemeint, damit würde ich mir nur die Füße verderben.«

»Aber das wolltest du nicht einsehen. Ich habe dir die Schuhe nicht gekauft, weil ich in dem Augenblick besser wußte, was für dich gut ist.«

»Naja, aber warum soll die Fahrt zur Einweihung nicht gut für mich sein? Überhaupt, dann braucht man eigentlich gar nicht erst zu beten, wenn Gott es doch so macht, wie er will.«

»So ist es nicht, Andrea! Im Grunde genommen geht es bei dieser Fahrt doch wirklich nicht um eine so wichtige Sache. Ich meine, du sollst vielleicht gerade durch dieses nicht erhörte Gebet etwas Wichtiges lernen, nämlich Gott die Führung in allen Dingen zu überlassen, in den wichtigen und in den unwichtigen Dingen. Es heißt doch im Vaterunser auch, ›dein Wille geschehe‹. Wenn du das aus dieser Erfahrung lernst, ist das mehr wert als alles Vergnügen, das dir entgangen ist.«

# Der Ausflug

Wochentags fuhr eine kleine Bahn jeden Morgen mit leeren Kippwagen von Nettersheim zum Steinbruch Stettern und kehrte am Abend mit den beladenen Loren zurück. Hinter der Diesellok war ein alter Triebwagen angekoppelt, der nach Bedarf Sommergäste mitnehmen konnte.

Es war ein beliebter Tagesausflug, morgens mit der Bahn nach Stettern zu fahren, durch den Wald zum Forsthaus zu wandern, dort mittag zu essen und dann zurück nach Nettersheim zu gehen. Man konnte auch morgens zum Forsthaus wandern, nach dem Mittagessen weiter nach Stettern gehen und abends mit der Bahn zurückfahren.

Viel mehr war in der bescheidenen Sommerfrische nicht los. Nur zweimal am Tag fuhr ein Bus in die Kreisstadt, die wegen der schönen Fachwerkhäuser und der alten Burg gern besucht wurde.

Alexander und Kerstin waren in den Herbstferien nach Nettersheim gekommen. Sie fanden den Ausflug, den die Eltern am Dienstag in die Stadt machen wollten, äußerst langweilig. Da waren sie einer Meinung mit Anette. Anette wohnte mit ihren Eltern und ihrem kleinen Bruder Ulli bei den Bäckersleuten. Sie wollte viel lieber mit Alexander und Kerstin und mit Thomas, dem Bäckerssohn, irgend etwas unternehmen, als mit den Eltern durch die Stadt zu bummeln. »Wir haben die Burg und die alten Häuser früher schon so oft gesehen«, erklärten sie.

Na schön, meinten die Eltern; die Kinder könnten sich ja auch alleine vergnügen.

Kaum war der Bus um die Ecke verschwunden, schlug der zwölfjährige Thomas seinen Gästen vor, einmal etwas ganz Besonderes zu unternehmen. »Wir gehen zum Fischweiher rudern.«

Für die Stadtkinder war es etwas Neues, daß es hier irgendwo einen Weiher gab, auf dem man rudern konnte.

»Der Weiher gehört irgendeinem reichen Mann. Eigentlich ist es verbotenes Gelände. Ich kenne aber ein Loch in der Umzäunung. Wochentags kommt der Besitzer nie dorthin, also können wir rudern, solange wir wollen.«

Thomas behauptete zwar, der Weg dorthin sei gar nicht weit, aber er zog sich doch in die Länge. Endlich erreichten die Kinder den Zaun, der den Privatbesitz eingrenzte. Thomas ging zielsicher auf eine bestimmte Stelle zu, löste eine Latte, und schon war der Weg frei. Hinter hohen Büschen versteckt lag ein dunkler Weiher, und an einem etwas morschen Steg war ein Kahn angebunden.

Kerstin fand den Kahn recht schäbig und sagte es auch. »In dem Ding willst du rudern?«

»Es gibt nur ein Stechpaddel«, erklärte Thomas, »aber ich komme gut damit zurecht. Du wirst es ja sehen.«

Er zog den Kahn mit der Breitseite an den Steg und forderte die andern auf, einzusteigen. Er hatte befürchtet, daß Ulli, der noch nicht mal in der Schule war, Schwierigkeiten machen würde. Aber da hatte er sich geirrt. Der Kleinste sprang als erster mit einem Satz in den Kahn. Der schaukelte heftig, und Anette schimpfte, aber keiner wollte weniger mutig erscheinen als der Kleinste, und schon saßen sie auf den schmalen Sitzbrettern.

Thomas griff zu dem Stechpaddel und stieß den Kahn vom Ufer ab, einmal rechts, einmal links, einmal rechts, einmal links. »Wenn man immer nur an einer Seite abstößt, fährt man im Kreis herum«, erklärte er seine Rudertechnik.

»Guckt nur, was für dicke Fische da schwimmen. Man

könnte sie beinahe mit der Hand fangen«, sagte Kerstin. Sie lehnte sich über den Rand, und der Kahn schaukelte heftig. Das machte allen Spaß, sie lehnten sich nach der anderen Seite und kreischten übermütig. Thomas rief: »Hört auf!« Er fühlte sich als Anführer sehr wichtig.

Anette entdeckte zuerst das Wasser im Kahn. »Ich glaube, der Kahn ist nicht dicht, Thomas, ich kriege nasse Füße.«

»Das bißchen Wasser.«

»Bißchen Wasser, wir sind erst halb auf dem See. Wenn wir noch lange weitermachen ...«

»Es ist nur durch euer Schaukeln gekommen, bleibt mal ruhig sitzen.«

Nun achteten alle darauf, saßen ganz still und beobachteten. Langsam, aber merklich stieg das Wasser.

»Thomas, mir kommt das komisch vor.«

»Hast du Angst, wir könnten untergehen?«

»Ich kann schwimmen«, gab Ulli bekannt.

Alle lachten.

»Schwimmen, in diesem modderigen Wasser, und in unseren Sachen, nee danke«, rief Kerstin.

»Schön, steigen wir also aus.« Thomas hielt auf die nahe Bucht zu und sagte: »Hier kann man besser aussteigen als am Steg, weil das Ufer sandig ist.«

Ulli war wieder der erste. Der Kahn, der auf dem Sand aufgelaufen war, schaukelte kaum.

Da standen sie nun, sahen einander an und wandten sich an Thomas: »Was jetzt?«

»Tja, nach Hause, was sonst?«

»So ein Blödsinn, dazu hast du uns also den weiten Weg hierher gelockt.«

»Wenn ihr gleich Angst habt!« verteidigte sich Thomas. »Ich paddle manchmal den ganzen Nachmittag hier herum.«

»Wahrscheinlich war der Kahn mit uns allen überlastet.«

»Hier ist überhaupt kein Weg«, stellte Anette fest.

»Wir sind an der anderen Seite ausgestiegen, daher, aber ich kenne hier jeden Weg, ein Stück hier entlang, dann sind wir wieder am Gatter.«

Er hatte recht, aber hier gab es keine lose Latte, es half alles nichts, sie mußten hinüberklettern.

Noch immer kein Weg. Alexander murrte: »Von wegen, du kennst jeden Weg, wo ist denn hier ein Weg?«

Aber nun zeigte sich doch ein schmaler Trampelpfad.

»Was hab ich gesagt, hier geht's lang!«

Sie trotteten hintereinander her. Ulli seufzte: »Wenn ich nur nicht so einen Durst hätte!«

»Durst? Ich habe Hunger«, sagte Kerstin, »es muß mindestens Zeit fürs Teetrinken sein. Das sagt mir mein Magen.«

Alexander schaute auf seine Armbanduhr.

»Vier Uhr, klar, Zeit zum Kuchenessen. Du läßt uns ganz schön durch die Gegend laufen, Thomas!«

»Ich sag's ja, ihr seid dran schuld mit eurer Angst vor dem Absaufen.«

Es wäre zu einem regelrechten Streit gekommen, wenn nicht Anette plötzlich stehengeblieben wäre und gelauscht hätte. »Hört ihr nichts?«

Sie blieben stehen und horchten.

»Irgendwo müssen Leute sein, da wird gehämmert.«

»Wir sind beim Stetterner Steinbruch! Klasse!« rief Thomas aus. »Da kommen wir auf den richtigen Weg.«

»Steinbruch? Da können wir mit der Bahn zurückfahren. Hat jemand Geld dabei, damit wir an der Bude eine Cola kaufen können?« fragte Ulli.

Nur Thomas und Kerstin hatten Geld bei sich. Es reichte gerade für eine Cola und eine Flasche Sprudel. Sie fragten den Arbeiter, der nebenher die Getränke verkaufte: »Wann fährt die Bahn nach Nettersheim?«

Als sie hörten, erst gegen halb sieben, entschied Thomas: »Was sollen wir hier so lange herumstehen? Das sind beinahe zwei Stunden. In der Zeit sind wir nach Hause gelaufen.«

»Ich will aber lieber warten und nachher fahren«, sagte Ulli.

Thomas aber war dafür, abzustimmen, und dabei kam heraus, daß nur Ulli und Anette für Warten waren. Wohl oder übel schlossen sie sich den drei anderen an.

Thomas behauptete wieder, eine Abkürzung zu kennen, und so waren sie bald auf einem unbequemen Trampelpfad quer durch den Wald. Brombeerranken verfingen sich in den Kleidern und den Haaren, und immer wieder stolperten sie über Baumwurzeln. Ulli mußte ermahnt werden, nicht zurückzubleiben. Er sagte trotzig: »Wir hätten auf die Bahn warten sollen.«

Sogar Alexander, der gewöhnlich zu Thomas hielt, murrte: »So ein Blödsinn, erst setzt du uns in den kaputten Kahn, und jetzt führst du uns kreuz und quer durch den Wald. Wir wären auf dem richtigen Weg viel schneller vorwärtsgekommen.«

Schon fielen die Sonnenstrahlen schräg durch die Bäume.

Mit einem Blick auf die Uhr fuhr er fort: »Es ist gleich sechs Uhr, und wir sind noch nicht auf dem richtigen Weg. Das kann ja Mitternacht werden, ehe wir nach Hause kommen!«

Wieder horchte Anette auf. Sie war mit Ulli ein ganzes Stück zurückgeblieben und rief jetzt den Vorauseilenden zu: »Hallo, hallo, wartet mal, ich glaube, die Bahn kommt!«

Die drei blieben stehen.

»Es ist noch keine sechs, der Mann hat gesagt...«

Hätten wir nur gewartet«, jammerte Ulli.

»Die Bahn ist eben früher abgefahren.«

»tut, tut, tut, tut...« Sie hörten es ganz deutlich.

»Wir sind gleich an der Kreuzung, dort nimmt der Fahrer manchmal die Leute mit. Los, wir müssen die Bahn dort erwischen!«

Thomas rannte voraus, Alexander und Kerstin konnten mit ihm Schritt halten, aber Ulli jammerte: »Ich kann nicht mehr, und rennen schon gar nicht.«

»Ulli, komm schnell, bitte, bitte, ich weiß den Weg nicht, wir müssen die andern einholen«, rief Anette.

Immer näher ertönte das Tuten der Bahn.

Da, endlich, der Weg! Thomas war mit Alexander und Kerstin weit voraus, sie würden die Kreuzung bestimmt erreichen, ehe die Bahn kam. Anette war dem Weinen nahe.

»Haaalt, haaalt!« hörte sie Thomas schreien, als die Bahn an der Kreuzung war. Aber die Loren ratterten weiter.

Anette atmete auf, die Bahn hielt nicht, also mußten die drei auch zu Fuß nach Hause gehen.

Ach, wie weit war es noch von der Kreuzung bis nach Nettersheim! Anette wußte es nur zu gut von den Spaziergängen mit ihren Eltern.

»Mensch, er fährt durch!« rief Alexander aus, und Kerstin sagte: »Wir haben sowieso kein Fahrgeld.«

Aber siehe da, der Lokführer bremste, die Kippwagen schoben sich krachend gegeneinander. Die Bahn hielt.

»Der Fahrer kennt mich, schnell, schnell, ich bringe ihm morgen das Geld!« rief Thomas.

Anette, die schon aufgegeben hatte, sah Thomas zur

Lok laufen und gestikulierend mit dem Fahrer reden, während Kerstin und Alexander in den Wagen stiegen.

»Ulli, jetzt aber los, ehe sie ohne uns abfahren.«

Thomas – Anette sah es ganz deutlich – redete auf den Lokführer ein und zeigte rückwärts auf die beiden Nachzügler. Sie setzten zum Endspurt an und erreichten keuchend die Bahn.

Was war der Lokführer für ein freundlicher Mann! Er ärgerte sich gar nicht, daß er auf die Nachzügler warten mußte, und wegen des Fahrgelds schien er Thomas völlig zu vertrauen.

Der Bus hielt gerade auf dem Marktplatz, als sie mit der Bahn ankamen.

»Verpetzt ihr mich?« fragte Thomas kleinlaut.

»Wieso, es gibt doch nichts zu petzen. Wir haben ja alle mitgemacht, und daß wir die Bahn noch erwischt haben, das hast du prima gemacht.«

»Und es war doch schön.«

Nun, da alles gut überstanden war, erzählten sie begeistert von dem schönen Nachmittag.

## Was soll aus Mark werden?

Mark sah den Lastwagen heranbrausen, und noch bevor er schrie, wurde er aus dem Opel geschleudert und wußte nichts mehr.

Als er aufwachte, lag er in einem fremden Zimmer in einem großen Bett. Erstaunt sah er sich um; da trat Tante Tilla an sein Bett.

»Endlich bist du aufgewacht, Mark! Ich bin ja so froh, daß es dir wieder besser geht«, sagte sie erleichtert. »Ich muß noch einmal in die Stadt, aber heute nachmittag komme ich wieder und bleibe bis zum Abend.«

Eine Krankenschwester kam ins Zimmer. Da merkte Mark, daß er im Krankenhaus lag. Warum bloß?

Tante Tilla winkte ihm von der Tür aus noch einmal zu und ging hinaus.

Am Nachmittag, als Mark schon anfing, sich zu langweilen, kam sie wieder. »Kannst du dich daran erinnern, was passiert ist?« fragte sie.

Mark schüttelte den Kopf.

»Ein Lastwagen hat euern Opel gerammt.«

»Ach...«, sagte Mark nur und zog grübelnd die Brauen zusammen. »... und?« fragte er.

»Dein Vati und deine Mutti...« Tante Tilla hatte plötzlich Tränen in den Augen.

»Vati und Mutti...?«

Es half alles nichts, Tante Tilla mußte ihm sagen, was geschehen war. »Wir wissen nicht, warum Gott sie zu sich geholt hat. Aber du bekommst ein neues Zuhause, entweder bei Onkel Harry und Tante Lucie oder bei mir.«

»Ich bleibe lieber bei dir, Tante Tilla.«

»Darüber kann ich nicht bestimmen, Mark. Onkel Harry und Tante Lucie sind verreist und wollen dich abholen, wenn sie zurückkommen.«

Mark konnte sich gar nicht vorstellen, wie es ohne Vati und Mutti weitergehen sollte. Seinen Onkel und Tante Lucie, die in der Stadt wohnten, kannte er kaum. Tante Tilla sah beinahe wie seine Mutter aus und wohnte gleich um die Ecke in Heimbach. Wieso sollte er zu dem Onkel und der Tante in die Stadt?

Nach ein paar Tagen durfte er aufstehen, gerade als die Verwandten von der Reise zurückgekommen waren und sich bei Tante Tilla nach Mark erkundigten. Tante Tilla besuchte ihn nämlich jeden Tag. Diesmal kamen Tante Lucie und Onkel Harry mit ins Krankenhaus, und Tante Lucie sagte kurzentschlossen zu Tante Tilla: »Am besten nehmen wir den Jungen gleich mit. Wozu sollen wir noch mal herkommen? Wir packen seine Sachen ein und brauchen nicht noch einmal die Fahrt zu machen. Beim Jugendamt ist schon alles geklärt.«

Sie saßen im Besucherzimmer des Krankenhauses, Mark hatte unglücklich zugehört und sagte nun: »Ich möchte aber lieber bei Tante Tilla bleiben.«

»Das wird nicht gut gehen, Mark. Tante Tilla muß den ganzen Tag nähen und hat gar keine Zeit für dich. Sie hat auch so wenig Platz in ihrer Wohnung. Da hast du es bei uns besser.«

Mark schüttelte den Kopf: »Ich muß aber in Heimbach bleiben, ich bin schon zur Schule angemeldet, und Sören auch, das ist nämlich mein bester Freund.«

»Schule, Mark – in der Stadt gibt es viel bessere Schulen, und dann findest du dort bestimmt auch einen Freund. Wir haben viel Platz, du bekommst unser Fremdenzimmer.«

Tante Lucie fügte hinzu: »Du hast dann wieder ein Zuhause mit einem Vater und einer Mutter, das ist für dich viel besser.«

Als er bei Onkel Harry und Tante Lucie wohnte, merkte Mark erst richtig, wie schlimm es war, keinen Vater und keine Mutter mehr zu haben. Ja, wenn er wenigstens in Heimbach bei Tante Tilla hätte bleiben können! Tante Lucie war ja nett, den Onkel sah er nur wenig, aber alles war ganz anders, als er es gewöhnt war.

Das fing schon morgens beim Frühstück an. Da gab es frische Brötchen, aber er aß lieber Müsli. Mittags gab's immer Suppe, vor den Kartoffeln, dem Gemüse und dem Fleisch, da war er schon beinahe satt. Nie gab es Pudding als Nachtisch oder Obstsalat; immer nur einen Apfel. Als er zu Tante Lucie sagte, zu Hause bei seiner Mutter sei es ganz anders gewesen, meinte die Tante, er werde sich mit der Zeit schon an alles gewöhnen. Sie könne seinetwegen nicht ihren ganzen Haushalt umkrempeln.

Mark hatte seiner Mutter oft geholfen, nach dem Frühstück und dem Mittagessen den Tisch abzuräumen. Bei Tante Lucie hatte er leider gleich am zweiten Tag Pech und ließ eine Schüssel fallen. Ach, wie ärgerlich war Tante Lucie da.

»Laß dein Helfen lieber bleiben, Mark, sonst habe ich bald keinen Teller und keine Schüsseln mehr.«

Schlimm war das Alleinsein. Sein Onkel und seine Tante meinten, bis er in die Schule käme, könnte er ja zu Hause bleiben. Aber die Tante putzte und kochte vormittags immer und sagte: »Ich habe jetzt keine Zeit für dich. Geh in dein Zimmer, du wirst wohl auch mal allein spielen können.«

Nachmittags ging sie mit ihm spazieren. Aber was war

das schon für ein Spaziergang! Immer mußte er ganz nahe bei der Tante bleiben, wegen des Verkehrs, meinte sie.

In Heimbach war er immer vorausgelaufen, hatte kleine Tiere gesucht oder ein bißchen am Bach gespielt, bis seine Mutter nachgekommen war. Oft war sein Freund Sören mitgegangen, sie hatten zusammen auf dem nahen Spielplatz oder in der Gartenstraße gespielt, und bei Regenwetter waren sie entweder bei Sören oder bei Mark zusammen im Zimmer geblieben.

Immer wieder sagte Tante Lucie: »Was bist du für ein merkwürdiges Kind! Kannst du nie allein spielen?«

Ach, und dann das Schlimmste: Sein Onkel und seine Tante beteten nie. Sie sagten zwar nichts, wenn er vor dem Essen die Hände faltete, ja, sie hatten gleich am ersten Tag gemeint, wenn er das so gewöhnt sei, möge er ruhig dabei bleiben. Aber sie fingen jedesmal gleich an, ihre Suppe zu löffeln, und das störte Mark.

Abends, wenn er frisch gewaschen im Schlafanzug ins Zimmer kam, schaute sich die Tante zwar manchmal seine Ohren und die Hände an, ob sie auch richtig sauber waren, aber als er ihr erzählte, seine Mutter sei abends immer an sein Bett gekommen und habe gewartet, bis er fertig war mit beten, meinte Tante Lucie: »Beten kannst du bestimmt ohne mich.«

Mark wurde es von Tag zu Tag elender zumute. Ach, wenn Tante Tilla wenigstens einmal gekommen wäre. Aber sie hatte kein Auto. Mit dem Zug zu fahren, war bestimmt umständlich.

Oft verkroch sich Mark abends in den Kissen und betete: »Lieber Gott und Heiland, ich kann es beinahe nicht mehr aushalten. Laß mich bitte sterben wie meinen Vati und meine Mutti.«

Dann geschah eines Tages beim Mittagessen das große Unglück. Es gab Hering. Hering, den Mark beim besten Willen nicht essen konnte. Seine Mutter hatte ihm immer Spiegelei gemacht, wenn es Hering gab, was aber sehr selten war. Mark roch den Hering schon, als er aus seinem Zimmer trat. Er fragte die Tante, die mit der Suppe aus der Küche kam: »Gibt es heute Hering, Tante Lucie?«

»Ja, Mark, hast du etwas dagegen?«

»Hm . . .«, machte er, und nach einigem Zögern: »Meine Mutti hat mir immer Spiegelei gebraten, weil ich keinen Hering essen kann.«

»Man kann alles essen. Onkel Harry hat ihn sich extra gewünscht. Also wirst du heute mittag auch Hering essen.«

Schon bei der Suppe meinte Mark den Hering zu schmecken, und als er sie heruntergewürgt hatte, schaute er entsetzt auf seinen Teller, auf den ihm die Tante zwei Löffel voll Heringsstipp über die Kartoffeln tat. Er lehnte sich zurück. Allein vom Geruch wurde ihm übel.

»Was soll das, Mark?« fragte der Onkel.

»Er mag keinen Hering und will statt dessen ein Spiegelei haben«, sagte die Tante. »Aber ich denke nicht daran, ihm etwas extra zu machen. Iß, Mark, oder willst du, daß ich böse werde?«

Mark gab sich einen Ruck, lud viel Kartoffeln und wenig Hering auf die Gabel, zögerte noch einen Augenblick und schob dann den Bissen in den Mund. Er schluckte, würgte, und dann geschah es. Er fühlte es innerlich vom Magen hochsteigen, und dann schoß ein ekliger Strahl von Hering, Kartoffeln und Suppe über Tisch und Teller.

»Nun hört es aber auf!« rief die Tante aus und hob die Hand.

»Nicht schlagen!« hörte Mark den Onkel rufen.

Tante Lucie ließ den Arm sinken. »Du hast recht, Harry,

aber Strafe muß sein. Ich lasse mir von dem Bengel nicht vorschreiben, was es zu Mittag gibt.« Sie packte Mark unsanft am Arm, zog ihn und schob ihn durch das Zimmer über den Flur zur Besenkammer, stieß ihn in den kleinen Raum und schimpfte: »Da hinein kommst du, ungezogenes Kind. Unerhört, einem das gute Essen auf den Tisch zu spucken.«

Bums, schlug die Tür hinter Mark zu. Er hörte den Schlüssel im Schloß knarren und stand einen Augenblick im Dunkeln, völlig erstarrt. Erst als er sich der Dunkelheit und Enge bewußt wurde, fing er an zu schreien. »Laß mich raus, laß mich raus! Tante Lucie, bitte laß mich raus.«

Aber so sehr er auch schrie und jammerte, die Tür blieb zu. Dann lauschte er. Aus der Küche kam das Klappern vom Geschirrspülen, er hörte den Onkel über den Flur gehen und dann die Wohnungstür zuschlagen. Dann war es eine Weile still, bis auf die Küchengeräusche.

Endlich näherten sich Tante Lucies Schritte. Der Schlüssel des Kämmerchens wurde herumgedreht, und Tante Lucie riß die Tür auf.

»Tante... bitte... es tut mir leid... bitte...«

»Nichts da, du bleibst drinnen. Ich will dich nicht sehen.« Sie nahm den Besen vom Haken und schlug die Tür wieder zu.

Mark, im Dunkeln herumtastend, entdeckte die Persiltonne, setzte sich darauf und murmelte schluchzend vor sich hin: »Es ist ungerecht. Es ist ungerecht! Lieber Herr Jesus, es ist so schrecklich. Ich halte das nicht aus. Ich halte das nicht aus, hilf mir, ach, hilf mir doch!«

Aber nichts geschah.

Nach einer Weile hörte er die Türklingel läuten, die Tante zur Tür gehen und die Nachbarin sprechen.

Lautes Reden, Lachen, Lauferei hin und her, dann

schlug die Wohnungstür zu, und es war ganz still in der Etage. War die Tante mit der Nachbarin fortgegangen? Hatte sie ihn vergessen? »Ich will raus! Ich will raus! Tante Lucie!« schrie Mark verzweifelt, bollerte mit dem Absatz gegen die Tür... und siehe da, sie sprang auf. Die Tante hatte sie nicht wieder abgeschlossen, als sie den Besen holte.

Mark schaute in die Küche – puh, wie es nach Hering roch! Er rief Tante Lucies Namen, ging ins Wohnzimmer, niemand war da.

Mark stand einen Augenblick unschlüssig. Dann nahm er Mütze und Anorak vom Haken, ohne recht zu wissen, was er tun könnte, um nach Heimbach zu kommen. Nur erst einmal weg von hier. Auf der Straße fiel ihm ein, daß er gesehen hatte, wie sich große Jungen manchmal an die Straße stellten, um per Anhalter zu fahren. Es dauerte oft lange, ehe sie mitgenommen wurden, aber hier in der Stadt fuhren so viele Autos, ob er nicht auch versuchen sollte...?

Da war er auch schon auf der Straße, lief um die Ecke zu der Kreuzung, wo sich immer die Autos stauten, wenn die Ampel rot zeigte. Ach, aber hier war es nicht wie in Heimbach. Hier starrten die Fahrer nur auf die Ampel oder auf den Vordermann und sahen Mark nicht, der zwischen den Fußgängern auf Grün wartete. Enttäuscht ging er die Straße hinunter und bog in eine Nebenstraße ein. Er fühlte sich so verlassen, war so verzagt und unglücklich und konnte nicht einmal beten, murmelte nur immer vor sich hin: »Lieber Herr Jesus,... lieber Herr Jesus...«, immer nur diese drei Worte. Jetzt wußte er nicht einmal mehr, wo er eigentlich war und wie er wieder zur Wohnung seines Onkels und seiner Tante finden sollte. Aber zu ihnen wollte er ja sowieso nicht mehr zurück. Wieder an einer Straßenecke angekommen, überlegte er verzweifelt, wohin er sich wenden sollte, fragte sich voller Angst, was sein Onkel und seine Tante sagen würden, wenn sie merkten, daß er fortgelaufen war – da bremste ein Lieferwagen, hielt an und heraus stieg...

Ja, war denn so etwas möglich?

Heraus stieg Herr Angermann, der Schreiner aus Heimbach, der alte Möbel neu machte. Er kannte ihn sehr gut, denn oft genug hatte er zugesehen, wenn er in seiner Werkstatt hobelte, feilte und leimte.

»Herr Angermann, Herr Angermann...«

»Wo kommst *du* denn her, Mark?« fragte der Meister erstaunt.

»Ich... ach, ich will zu Tante Tilla... Tante Lucie hat mich eingesperrt... weil... der Hering... ich habe alles über den Tisch gekotzt...«

»Na, Mark, so etwas tut man auch nicht. Meinst du, das würde Tante Tilla gefallen?«

»Nein, aber meine Mutti hat mir immer Spiegelei gemacht, aber das wollte Tante Lucie nicht. Es war so dunkel, in der Besenkammer... bitte, nehmen Sie mich mit zu Tante Tilla.«

»Tscha, mein Junge, dich einfach mitnehmen? Laß mich erst mal mein Geschäft hier erledigen.«

Bangen Herzens wartete Mark. Herr Angermann verschwand in dem Haus und kam mit einem jungen Mann wieder. Sie trugen einen großen Schrank ins Haus, kamen zurück und holten noch einen Tisch, und nach einer ganzen Weile kam der Meister allein zurück.

»Da stehst du immer noch, Mark. Willst du nicht zu deiner Tante hier zurückgehen?«

»Nein, bitte nehmen Sie mich mit.«

»Aber deine Leute hier suchen dich bestimmt.«

»Ich weiß das Haus gar nicht mehr, wo sie wohnen. Und meine Tante sperrt mich wieder in die dunkle Kammer.«

Einen Augenblick zögerte der Meister und sah auf den Jungen herab, der da so verzweifelt vor ihm stand.

»Na schön, fahr mit, deine Tante Tilla kann ja dann das Nötige veranlassen.«

Wie ein Wunder erschien es Mark, als ihn Herr Angermann auf den Sitz des Lieferwagens hob, sich ans Steuer setzte und mit ihm davonfuhr.

Mark hätte nicht erzählen können, was er unterwegs mit Herrn Angermann gesprochen hatte. Aber als der Wagen vor Tante Tillas Haustür hielt, lachte er vor Glück.

Was weiter geschah?

Tante Tilla war zunächst erschrocken, als Mark so unerwartet vor ihrer Tür stand. Sie ließ sich erzählen, was geschehen war, und wenn Mark auch ziemlich durcheinander berichtete, so verstand sie doch, wie allein er gewesen war und daß er nie jemanden zum Spielen gehabt hatte. Bei der Sache mit dem Hering und der Besenkammer wurde sie erst blaß und dann rot und rief zornig: »Wie können sie so etwas mit einem Kind machen!« Mark spürte, daß sie eigentlich noch mehr sagen wollte, aber sie schwieg.

Dann fiel ihr ein, daß Onkel und Tante Nachricht bekommen mußten, denn inzwischen hatten sie Mark bestimmt vermißt und waren in Sorge um ihn. Sie lief von der Küche ins Wohnzimmer und telefonierte. Dann kam sie zu Mark zurück in die Küche und tröstete ihn: »Mach dir keine Gedanken, Mark, es wird alles in Ordnung kommen. Bis alles geregelt ist, bleibst du hier, und wahrscheinlich kannst du für immer bei mir bleiben.«

So war es auch.

Als alles endlich entschieden war, fügte Mark am Abend dem üblichen Nachtgebet hinzu: »Ich danke dir auch ganz besonders, lieber Herr Jesus, daß du mein Gebet erhört hast. Du hast gewußt, daß ich es bei Onkel Harry und Tante Lucie nicht aushalten konnte.«

»War es so schlimm?« fragte Tante Tilla.

»Ja, und der Heiland hat mir geholfen, ich habe so oft darum gebetet. Jetzt weiß ich, daß er es hört, wenn man zu ihm betet.«

»Wunderbar, Mark. Du hast da eine herrliche Erfahrung gemacht. Gott erhört uns nicht immer so, wie wir uns das denken, aber er weiß besser als wir, was für uns gut und notwendig ist. Deshalb sollen wir warten und ihm vertrauen, daß er alles gut macht.«

»Warten ja, Tante Tilla, er hat mich ein bißchen lange warten lassen. Aber wahrscheinlich wußte er, wie lange ich es aushalten konnte.«

»Das glaube ich auch.«

## Wie Jan seinen Teddy verlor und wiederfand

Jan liebte seinen Teddy über alles. Er saß beim Essen mit auf Jans Stuhl, mußte bei allen Spielen dabei sein, ging abends mit Jan ins Bett und wurde am Morgen als erster begrüßt.

Da geschah eines Tages ein Unglück. Die Mutter schickte Jan zum Supermarkt um die Ecke. Seinen Teddy im Arm, machte sich Jan auf den Weg. Da kam ihm Mike auf seinem Fahrrad entgegen. Er bremste, aber irgend etwas war mit der Bremse nicht in Ordnung. Das Fahrrad hielt nicht. Mike konnte nicht mehr rechtzeitig ausweichen und fuhr Jan zwischen die Beine.

Jan fiel um. Dann stand er wieder auf und überlegte, wo es ihm wehtat. Am Arm. Sein rechter Arm blutete und tat sehr weh.

Mike war sehr erschrocken. »Ich bringe dich nach Hause«, sagte er schnell.

Als Jan zu Hause war und ein großes Pflaster auf dem Arm hatte, fiel ihm plötzlich sein Teddy ein. »Mein Teddy, wo ist mein Teddy?« rief er.

Ja, wo war sein Teddy geblieben? Seine Mutter konnte es ihm nicht sagen, aber Mike versprach sofort, ihn zu suchen. Wahrscheinlich lag er noch da, wo Jan hingefallen war.

Das stimmte. Der Teddy war bei Jans Sturz in hohem Bogen auf die Straße geflogen, und niemand hatte sich um ihn gekümmert.

Da lag er nun und wunderte sich, wieso Jan ihn vergessen hatte. Erst nach einer Weile kam eine junge Frau vorbei und sah den Teddybär in einem Hauseingang liegen. Sie hob ihn auf und betrachtete ihn. Sie fand ihn nicht besonders schön. Er hatte zwei verschiedene Augen, ein Ohr war mit einem knallroten Faden festgenäht worden, und an den Füßen waren die Sohlen mit Lederflicken ausgebessert.

Die junge Frau überlegte. Was sollte sie mit dem Teddy anfangen? Welches Kind mochte ihn verloren haben? Sie setzte den Teddy auf das Fensterbrett des Hauses, vor dem er gelegen hatte. Welches Kind ihn auch verloren haben mochte, es würde ihn dort bestimmt entdecken.

Da saß nun Jans Teddy, und hätte er reden können, hätte er bestimmt nach seinem Jan gerufen. Vor allem, als er Mike suchend vorbeigehen sah. Mike suchte den ganzen Gehsteig ab, dann die Straße; aber er fand den Teddy nicht. Traurig machte er wieder kehrt. Ein paar andere Leute kamen vorbei, sahen den Teddy oder sahen ihn auch nicht, bis ein alter Mann am Stock dahergehumpelt kam. Er blieb stehen, hängte seinen Stock über den Arm und nahm den Teddy in die Hand.

»Wer weiß, wie lange er schon auf der Fensterbank sitzt«, murmelte er vor sich hin. »Ich werde ihn Susi mitnehmen. Es ist ja niemand zu sehen, dem er gehören könnte.«

Er klemmte den Teddy unter den Arm und stapfte heimwärts. Der Teddy aber dachte, wer wohl diese Susi sein mochte?

Susi, die Enkelin des alten Mannes, freute sich zwar über den Bär, aber als der Großvater gegangen war, sagte ihre Mutter: »Susi, dieser Teddybär ist wirklich nicht mehr schön. Wer weiß, warum ihn die Leute auf die Fensterbank gesetzt haben. Er hat vielleicht einem kranken Kind gehört. Ich will ihn jedenfalls nicht in der Wohnung haben. Weg damit in den Mülleimer.«

»O nein, Mutti, bitte nicht, die Mülltonne riecht so

schlecht. Soll ich ihn nicht lieber wieder irgendwo auf eine Fensterbank setzen?«

»Man weiß nicht, woher das Ding kommt. Wenn nicht in die Mülltonne, dann eben in den Kleidersack, den ich gerade vor die Haustür zum Abholen stellen wollte. Wer ihn dort findet, mag sehen, was damit geschehen soll.«

So kam der arme Teddy zu den alten Kleidern, und er war es doch gewöhnt, liebgehabt zu werden und in Jans lustiger Gesellschaft zu sein.

Da er obenauf in diesem Kleidersack lag, war es einigermaßen erträglich, aber dann, als der Sack aufgehoben und auf einen Wagen geschleudert wurde, war es dem armen Teddy ganz schwindelig. Da noch andere Säcke der Kleidersammlung auf den Lastwagen geworfen wurden, war es bald stockdunkel. Der arme Teddy wurde richtig zusammengequetscht in seinem Verlies. Ihm verging Hören und Sehen, und er fragte sich verzweifelt, warum ihm Jan nicht half. Hätte er weinen können, hätte er geweint.

Es dauerte endlos lange, bis sich wieder alles änderte. Der Druck, der auf ihm lastete, ließ plötzlich nach, es wurde hell, und er purzelte auf einen großen Haufen Kleider.

»Ha!« rief jemand aus, »was haben wir denn da? Einen Teddy! Der sieht ja lustig aus, hat verschiedene Augen und geflickte Beine. Den nehm ich mit ins Kinderheim, dort können sie auch einen alten, geflickten Teddy noch brauchen.«

So kam der Teddy ins Kinderheim. Er war froh, aus dem dumpfen Sack heraus zu sein, und als er dann in einem großen Zimmer neben einer Reihe von Puppen landete, hoffte er, nun würde es ihm wieder besser gehen.

Ach, es kam ganz anders. Es waren viele Kinder da, Jungen und Mädchen, und sie gingen nicht zärtlich mit dem armen Teddy um. Kaum hatten ihn die Jungen entdeckt, fingen sie an, ihn hochzuwerfen. Sie warfen ihn sich wie einen Ball gegenseitig zu, wobei er oft auf den Boden fiel. Sie rissen sich um ihn, zerrten ihn hin und her, packten ihn an den Beinen, rechts und links, jeder an einem Bein, so daß er fürchtete, auseinandergerissen zu werden. Schließlich wurde er in einen Schrank geschleudert und die Schranktür zugemacht. Da lag er im Dunkeln zwischen Bauklötzen und Blechautos, hart und unbequem und mußte froh sein, daß das wüste Spiel zu Ende war.

Niemand holte ihn zum Schlafen ins Bett, wie er es von Jan gewöhnt war. Am andern Tag ging das wüste Spiel wieder los, bis den Kindern etwas anderes einfiel und er wieder im Schrank verschwand. Ach, warum hatte Jan ihn verlassen, ihn in diesem Hauseingang liegengelassen?

Es war eine schreckliche Zeit, die der Teddybär durchlebte. Kam wirklich einmal ein kleines Mädchen und nahm ihn in den Arm, riß ein Junge ihn bestimmt an sich, und der Teddy fürchtete immer wieder, bald würde er auseinandergerissen werden.

Es erschien ihm wie ein Wunder, als das kleine Mädchen, das immer so zärtlich zu ihm war, ihm eines Tages ein Puppenkleid anzog, auf den Arm nahm und mit all den andern Kleidern in einen Bus stieg. Zwar war das Kleid viel zu eng, drückte unter seinen Armen und zwängte seinen Hals ein, aber das Mädchen ließ ihn zum Fenster hinausschauen, so wie es Jan immer gemacht hatte, wenn sie irgendwohin gefahren waren. Endlich bekam der Teddy wieder einmal etwas von der Welt draußen zu sehen, endlich wurde er wieder einmal zärtlich gedrückt.

Als der Bus hielt und die Kinder ausstiegen, blieb er vorerst wohlbehütet auf dem Arm des Mädchens, aber dann geschah wieder etwas Schreckliches. Einer von den größeren Jungen entriß ihn den Händen des Mädchens. Es gab viel Geschrei, ein Zerren hin und her, bei dem das Puppenkleid zerriß und Teddy in den Händen des wilden Jungen blieb, während das Mädchen weinend mit dem Kleid dastand. Ehe sie dem armen Teddy zu Hilfe eilen konnte, schleuderte der Junge den Teddy in hohem Bogen über die Büsche am Weg in eine gräßliche Tiefe, wo er am Rand einer Straße im Gebüsch liegenblieb.

Als er zu sich kam, hörte er eine Stimme sagen: »Was kam denn da geflogen?«

Und schon bog ein Mann, so groß wie Jans Vater, die Zweige auseinander, in denen er hängengeblieben war, und zog ihn hervor.

»Schaut her!« rief er aus. »Ein Teddybär. Wo mag er herkommen? Das ist ja lustig. Kommt da so ein kleines Ungeheuer durch die Luft geflogen.«

Der Teddy wurde von Hand zu Hand gereicht, alles waren große Leute, die ihm wenigstens nichts Böses antaten.

»Den nehmen wir mit auf unsere Kahnfahrt«, sagte einer von den jungen Leuten.

Unser Teddy wußte inzwischen längst, daß er alles über sich ergehen lassen mußte, und war schon froh, wenn nicht an ihm gezogen wurde. Ach, nie würde die Zeit wiederkommen, die er friedlich und geborgen bei Jan verlebt hatte!

Jetzt wanderte er von Hand zu Hand. Man lachte über seine beiden verschiedenen Augen, die er ja nur hatte, weil Jans Mutter damals kein passendes zur Hand hatte, als er sein eines verlor. Und war es nicht gut, diese Lederflecken an den Füßen zu haben, so daß sie heil blieben?

»Wie sollen wir ihn denn nennen?« fragte nun eines der großen Mädchen, bei dem er gelandet war, und schon schlug einer vor: »Nennen wir ihn doch Hampelpampel.«

Das war nun wirklich zu toll. Hampelpampel – so hieß der Holzkaspar, der über Jans Bett hing, und den er, der geliebte und verwöhnte Teddy, durchaus nicht leiden konnte, obwohl sich Jan nichts aus dem Hampelmann machte und ihn kaum beachtete.

Ach, jetzt war sowieso alles gleich. Er war wenigstens an der frischen Luft, und die großen Leute, die im Gras herumsaßen, behandelten ihn nicht so grausam wie die Kinder im Kinderheim. Man ließ ihn eine Weile liegen, und er glaubte schon, sie hätten ihn vergessen. Da wurde er aufgehoben. Vom Arm des großen Mädchens aus sah er, wie sie alle miteinander auf das Wasser zugingen. Das kannte Teddy von manchen Ausflügen, die er mit Jan und seinen Eltern gemacht hatte. Jetzt aber stieg man nicht auf ein großes Schiff, sondern in einen wackeligen Kahn. Beinahe wäre er, unter den Arm des Mädchens geklemmt, ins Wasser gefallen.

»Beinahe hätte ich unsern Hampelpampel untergehen lassen«, rief sie lachend, was der Teddy ganz ungehörig fand. Beängstigend wurde die Kahnfahrt für ihn, weil sich nun zwischen den jungen Leuten ein Gerangel entspann, bei dem er bald von dem einen, bald von dem andern über das Wasser gehalten wurde, so daß er ständig in tausend Ängsten schwebte. Er war ganz taumelig, als die Kahnfahrt endlich endete.

Ach, noch immer waren seine Leiden nicht zu Ende. Was jetzt geschah, erfüllte ihn mit Entsetzen. Er wurde vorn an einem Auto an der Stoßstange festgebunden. Der Motor fing an zu brummen, und los ging die Fahrt. Der Wind brauste ihm um die Ohren, er schaukelte hin und her, unter ihm glitt die Straße wie rasend dahin. Schließlich verlor er die Besinnung.

Jetzt geht es zu Ende mit mir, war sein letzter Gedanke.

Und Jan? Ach, wie hatte er geweint.

»Mein Teddy, mein lieber Teddy, wo ist mein armer, lieber Teddy geblieben?« jammerte er tagelang.

Seine Mutter versuchte ihn zu trösten. »Ich bin froh, Jan, daß du dir nicht schlimmer wehgetan hast. Das ist doch sehr, sehr schön. Sonst würdest du jetzt vielleicht im Krankenhaus liegen und nicht bei uns rumlaufen.«

Sein Vater aber brachte einen neuen Teddy mit. Aber obwohl er ganz neu war, ließ Jan ihn unbeachtet in der Ekke sitzen, spielte nie mit ihm und nahm ihn auch nicht mit in sein Bett. Nein, diesen neuen Teddy mochte er nicht.

Er nahm ihn auch nicht mit, als sie eines sonntags wieder einmal einen Ausflug an den großen See machten. Sie wanderten um den See herum.

Was dann aber geschah, war geradezu wie ein großes Wunder. Am Wegrand parkte ein Auto hinter dem andern, eins stand etwas abseits, und da...

Jan schrie auf: »Teddy, mein Teddy!«

Schon kniete er vor der Stoßstange des Wagens, an dem sein Teddy festgebunden war.

»Hör mal, Jan«, fragte der Vater, »du kannst doch nicht einfach von einem fremden Wagen...«

»Es ist *mein* Teddy!« Jetzt sah es auch die Mutter.

»Wirklich, es scheint Jans alter Teddy zu sein. Die verschiedenen Augen, und die Lederflicken an den Füßen...«

»Es ist mein Teddy, bestimmt! Guck doch, der rote Faden am Ohr!«

»Wie ist er nur hierher gekommen?« wunderten sich die Eltern. Aber Jan hatte seinen Teddy inzwischen von seinen Fesseln befreit, nachdem er zuerst Mühe hatte, den festen Knoten zu lösen.

Und dann lag der arme Teddy endlich wieder in Jans Armen, und beide waren so glücklich.

# Als Jens im Schwarzwald war

»Eine Kur ist das Langweiligste, was man sich denken kann«, sagte Carsten, als er hörte, daß Jens zur Kur in den Schwarzwald käme.

»Aber ich muß, ob ich will oder nicht, Carsten. Erstens hat es der Doktor im Krankenhaus gesagt und zweitens wollen es meine Eltern auch. Als ob ich mich nicht auch zu Hause wieder erholen könnte! Als ob im Schwarzwald andre Luft wäre als hier, Luft ist Luft!«

»Manche Leute sagen aber, im Schwarzwald oder sonstwo in Kurorten sei die Luft anders als hier in der Stadt.«

»Erzähl mal, Carsten, wie das geht bei einer Kur.«

»Och, da muß man baden, weißt du, in einer Badewanne, nicht etwa im Schwimmbad. Dann wird man massiert und muß bestimmte Turnübungen machen, und zwischendurch schlafen oder wenigstens im Bett liegen. Kur... nee... bloß das nicht. Du tust mir leid.«

So sehr sich Jens auch sträubte, wieviel er auch jammerte, eines Tages brachte ihn sein Vater in das Kurheim.

Gleich am ersten Tag dort war es, wie Carsten gesagt hatte, nur, daß Jens tagsüber nicht im Bett zu liegen brauchte, sondern sich in den Garten setzen durfte. Er sah die andern Kinder zum Spielplatz gehen, der an den Garten grenzte. Der Arzt hatte ihm versprochen, wenn er alles befolge, was er als Arzt anordnete, dürfe er auch bald mit den andern Kindern drüben spielen und turnen.

Das war für Jens ein kleiner Trost. Er schlenderte ein bißchen durch den Park, wie hier der große Garten genannt wurde, sah auf den Wegen einige Erwachsene spazierengehen und setzte sich auf eine Bank im Schatten eines Baumes mit weit ausladenden Ästen – er wußte nicht, was für ein Baum es war. Dann langweilte er sich, genau wie es Carsten vorhergesagt hatte.

»Du kannst dir in unserer Bücherei ein Buch holen«, sagte die Schwester, die sich um ihn zu kümmern hatte.

Das war zwar eine kleine Abwechslung, aber immerzu lesen mochte Jens auch nicht. Er war daher froh, als aus einem der Nebenhäuser des Kurheims eine andere Schwester kam, mit einem Mädchen an der Hand. Die beiden steuerten genau auf seine Bank zu.

»Setz dich hier, Angela«, sagte sie zu dem Mädchen, »da hast du Gesellschaft.« Sie fragte Jens nach seinem Namen und meinte, er solle das Mädchen gut unterhalten.

Das Mädchen schaute vor sich hin und schwieg.

Jens fand es recht merkwürdig, wie es so stumm dasaß und sich nicht rührte.

»Darfst du auch noch nicht auf den Spielplatz?« fragte er endlich.

»Ich kann nicht auf den Spielplatz gehen. Ich bin blind.«

»Oh... blind... hm... Kannst du überhaupt nichts sehen?«

»Nein, das heißt, wenn die Sonne scheint, sehe ich das Helle.«

»Und sonst... ich kann es mir gar nicht vorstellen.«

»Du bist ein Junge, oder? Ich habe gehört, wie du zu der Schwester gesagt hast, du heißt Jens. Bist du auch zur Kur hier?«

»Ja, gestern gekommen. Die andern sind alle auf dem Spielplatz.«

»Ja, ich höre sie immer rufen und herumschreien. Warum gehst du nicht auch dahin zum Spielen?«

»Ich darf nicht, weil... ach, eigentlich weiß ich nicht, warum der Doktor es nicht haben will. Ich bin nicht mehr krank, aber der Doktor sagt, erst müßte ich ganz gesund sein. Ist ja Quatsch. Als ich krank war, ich meine, richtig krank, mußte ich im Bett liegen. Da war ich sogar froh, daß ich nicht aufstehen mußte. Aber jetzt... Sag mal, bist du auch zur Kur hier?«

»Ja, schon lange, zwei Wochen, nein, drei.«

»Und was machst du den ganzen Tag?«

»Das kannst du wohl fragen. Zu Hause habe ich meine Geschwister und meine Eltern, und oft kommt meine Oma, und Spielzeug habe ich auch, aber hier...«

Angela seufzte und schwieg.

»Ja, hier hat man keinen. Hier kann man nur herumsitzen und sich langweilen.«

»Wenn du aber später auf den Spielplatz kannst zu den anderen Kindern, ist es nicht so schlimm. Ich bin bei den großen Leuten im Haus. Manchmal sprechen sie mit mir, aber meistens gehen sie im Park spazieren oder spielen irgendwelche Spiele. Bei meinen Geschwistern zu Hause kann ich meistens mitmachen, weil es Spiele extra für Blinde gibt.«

»Ach, komisch, wie gehen die denn? Wenn du doch nichts sehen kannst?«

»Ich kann es fühlen. Ich kann es dir nicht erklären.«

»Und lesen? Das muß wirklich schlimm sein, nicht mal lesen zu können. Damit kann man sich schon ein bißchen die Zeit vertreiben.«

»Zu Hause habe ich Bücher in Blindenschrift, da lese ich viel oder höre Kassetten. Aber hier habe ich nur wenige Kassetten mit, und die kann ich auch nicht immer hören... ach, die Erwachsenen wollen immer etwas anderes hören als ich. Und dann haben sie das Fernsehen, weißt du.«

»Das ist ja... das ist ja...« stotterte Jens. Er mochte nicht sagen: Das ist ja schrecklich, wie hältst du das nur aus? Er betrachtete das Mädchen. Ja, man konnte sehen, daß mit ihren Augen etwas nicht stimmte.

»Aber warum haben dich dann deine Eltern hergeschickt?«

»Ach, weißt du, zu Hause können sie nicht alles machen, was der Doktor möchte, damit ich kräftiger werde. Warum ich das werden soll, weiß ich eigentlich nicht. Aber ich glaube, es ist ganz gut so. Ich bin nie richtig krank und auch nicht richtig gesund. Jetzt komme ich mir aber schon beinahe ganz gesund vor. Am Wochenende kommt immer jemand von zu Hause, und alle sagen, ich sähe schon ganz anders aus. Hoffentlich kann ich bald nach Hause.«

»Ich muß vier Wochen hierbleiben. Kommst du jeden Tag hierher in den Park?«

»Ja, wenn schönes Wetter ist.«

»Schwester Maria hat gesagt, ich könnte mir ein Buch holen. Ich hab' 'ne Idee. Das tue ich und lese dir etwas vor.«

»Oh, wirklich? Das wäre fantastisch. Manchmal liest mir zu Hause jemand vor, meine Oma meistens oder meine Mutti, wenn sie grade mal Zeit hat. Immer Brailleschrift lesen, strengt an.«

»Brailleschrift?«

»So heißt die Schrift für Blinde; es sind lauter Pünktchen, jeden Buchstaben kann man mit dem Finger ertasten. Ist schon gut, daß es das gibt. Aber wenn du mir vorlesen würdest, das wäre schön. Hier gibt es keine Bücher mit Blindenschrift. Die sind groß und dick.«

»Kann ich mir vorstellen . . . ach nein, eigentlich kann ich das nicht. Bleib hier sitzen, ich laufe mal ins Haus und hole ein Buch.«

Angela saß noch auf ihrem Platz, als Jens zurückkam.

»Du bist nett, Jens«, sagte sie, aber er wehrte ab.

»Quatsch, es macht mir einfach Spaß. Lesen ist nämlich

mein bestes Fach, mußt du wissen. Also, es geht los.«

Angela stellte fest, daß Jens wirklich sehr gut lesen konnte. Erst als er mit dem zweiten Kapitel beginnen wollte, wagte sie eine Frage.

»Der Junge in dem Buch, das war ein richtiges Ekel. Mein Vater hätte dem bald beigebracht, wie man sich benimmt.«

»Warte nur ab, wie es weitergeht. Irgendwas wird schon passieren.«

»Hoffentlich! Also lies weiter!«

Obwohl es eine recht spannende Geschichte war, unterbrach Angela Jens immer wieder mit Einwänden, und Jens machte es Spaß, mit ihr über die Geschichte zu sprechen.

Als die Glocke im Haus zum Abendessen läutete und die Kinder vom Spielplatz herüberkamen, erschien auch Angelas Pflegerin, um sie abzuholen.

»Ihr scheint euch ganz gut unterhalten zu haben.«

»Ja, kommst du morgen wieder hierher, Jens, und liest mir wieder vor? Ich möchte doch wissen, wie es weitergeht.«

»Klar komme ich. Tschüß.«

Schon am nächsten Tag fragte Angela Jens nach dem, was er um sich herum sah.

»Unsre Bank steht neben einem Blumenbeet. Eben hat der Gärtner, oder was das für ein Mann war, mit mir geschimpft, weil ich über den Rasen gelaufen und mit einem Sprung über das Blumenbeet gesetzt bin. Dabei habe ich nicht eine einzige Blüte gestreift.«

Jens ließ Angela über die Blüten tasten und sagte bedauernd: »Sie sind so bunt, rot und weiß und mit roten und weißen Rändern, schade, kannst du das kein bißchen sehen?«

»Ich kann's mir ein bißchen vorstellen. Früher habe ich

nämlich etwas sehen können. Küken ... kennst du Küken?«

»Ja, ganz kleine Hühner, die gerade aus dem Ei gekommen sind.«

»Ja, die meine ich, die sind gelb, oder?«

»Mensch, prima, das weißt du also?«

»Ja, und Wiesen sind grün.«

»Prima! Hier um das Beet herum ist Wiese, oder Rasen. Das ist beinahe dasselbe.« Jens war wie elektrisiert. »Komm, ich zeig dir mal alles. Unsre Bank ist auch grün, und der Weg ist rot, mit irgendeinem roten Zeug bestreut.«

Sie gingen nebeneinander, und Jens vergaß Angelas Blindheit, so daß sie mehrere Male stolperte. Aber darüber lachte sie nur.

»Du kannst es bald so gut wie Max, mein großer Bruder. Der zeigt mir nämlich auch immer, was am Weg ist, wenn wir spazierengehn.«

»Also weißt du, ich vergesse immer, daß du nicht sehen kannst.«

»Darüber brauchten wir gar nicht immer reden. Das geht den meisten Leuten so, und zu Hause sind sie es nicht anders gewöhnt. Komm, wir gehen zu unsrer Bank, und du liest mir weiter vor. Die Geschichte ist so spannend. Möchtest du nicht auch wissen, wie es weitergeht?«

So ging das nun Tag für Tag, das Zusammensein machte beide Kinder froh.

Bis dann eines Tages der Arzt für Jens eine neue Anordnung traf. »Du kannst jetzt, nein, du sollst jetzt jeden Nachmittag auf den Spielplatz gehen. Du bist nun kräftig genug und mußt lernen, dich wie ein gesundes Kind körperlich zu trainieren.«

»Hm ...« machte Jens nur.

»Freust du dich gar nicht?« fragte der Doktor. »Daß du endlich soweit bist und nicht mehr nur herumsitzen mußt?«

»Ach, es ist ja wahrscheinlich ganz schön auf dem Spielplatz. Aber...« Jens hob die Schultern.

»Was aber?« fragte der Arzt.

»Es ist wegen Angela. Sie ist blind, und ich lese ihr immer etwas vor. Wir haben gerade ein neues Buch angefangen, und sie möchte gern wissen, wie es weitergeht.«

»Ach so. Aber das Spielen und Herumturnen an den Geräten gehört mit zu deiner Kur.«

»Komisch, erst darf ich gar nicht, und nun soll ich auf einmal.«

Der Doktor lachte. »So komisch ist das gar nicht, Jens, du mußt dich wieder an ein ganz normales Leben gewöhnen. Verstehst du das nicht?«

»Ja, aber wie mache ich das mit Angela? Ich kann sie nicht einfach im Stich lassen.«

Der Doktor überlegte eine Weile, dann schlug er folgendes vor: »Ich erlaube dir ausnahmsweise, morgens, wenn du nach dem Baden auf der Terrasse liegst, dem blinden Mädchen vorzulesen. Sie kann dann von drüben zu dir herübergebracht werden.«

»O ja, das ist prima! Da wird sie sich freuen, und ich freue mich auch.«

»Ich kann dich ja nicht hindern, Gutes zu tun, Jens«, lächelte der Arzt.

»Gutes zu tun? Wieso?«

»Ja, jemandem eine Freude zu machen, ist bestimmt etwas Gutes, und das Beste daran ist, daß du es nicht wußtest.«